A NeoEmpresa

CÉSAR SOUZA

A NeoEmpresa

O FUTURO DA SUA CARREIRA E DOS
NEGÓCIOS NO MUNDO EM RECONFIGURAÇÃO

Copyright © 2012 César Souza
Copyright © 2012 Integrare Editora e Livraria Ltda.

Todos os direitos reservados, incluindo o de reprodução sob quaisquer meios, que não pode ser realizada sem autorização por escrito da editora, exceto em caso de trechos breves citados em resenhas literárias.

Publisher
Maurício Machado

Supervisora editorial
Luciana M. Tiba

Assistente editorial
Deborah Mattos

Produção editorial e diagramação
Crayon Editorial

Preparação de texto
Fernanda Marão

Revisão
Marisa Rosa Teixeira
Martha Lopes

Capa e projeto gráfico
Alberto Mateus

Foto do autor
Orlando Brito

Dados Internacionais de Catalogação na Publicação (CIP)
(Câmara Brasileira do Livro, SP, Brasil)

Souza, César
A NeoEmpresa : o futuro da sua carreira e dos negócios no mundo em reconfiguração / César Souza. – São Paulo : Integrare Editora, 2012.

Bibliografia
ISBN 978-85-99362-74-7

1. Administração de empresas 2. Carreira profissional - Desenvolvimento 3. Gestão de inovação 4. Liderança 5. Mudança organizacional 6. Negócios 7. Planejamento estratégico I. Título.

12-02522   CDD-658.4063

Índices para catálogo sistemático:
1. Gestão estratégica da inovação : Administração de empresas 658.4063

Declaração do Autor

A presente obra possui caráter ficcional. Toda e qualquer menção aos nomes dos pioneiros das teorias modernas do *management* citados na narrativa foram adicionadas ao enredo da presente obra respeitando as teses de seus autores e exclusivamente no campo das ideias. A participação nominal deles na narrativa é sempre ficcional. Todos os direitos autorais das obras citadas foram preservados na forma da Lei.

Nota do Editor: As Fontes de Inspiração, Notas e Referências Bibliográficas estão no final deste livro, especificadas por capítulo.

Todos os direitos reservados à INTEGRARE EDITORA E LIVRARIA LTDA.
Rua Tabapuã, 1123, 7º andar, conj. 71/74
CEP 04533-014 – São Paulo – SP – Brasil
Tel. (55) (11) 3562-8590
Visite nosso site: www.integrareeditora.com.br

Roteiro

Dedicatória *in memoriam* 7
Carta dos Editores 9
A lâmpada não é a evolução da vela! 11
INTRODUÇÃO Nada do que for será como antes 21

PRIMEIRO ATO
A DOR DE MUDAR A FORMA DE PENSAR 37
CAPÍTULO 1 O mundo em transe. 39
CAPÍTULO 2 A Era do Intangível 58
CAPÍTULO 3 Soprando as 100 velinhas do *Management* 70
CAPÍTULO 4 A Nova Era do *Management* 85

SEGUNDO ATO
UM TREM-BALA NA MONTANHA-RUSSA 91
CAPÍTULO 5 Bem-vindo à NeoEmpresa 93
CAPÍTULO 6 Sonho: primeira etapa da estratégia. 102
CAPÍTULO 7 O cliente no centro do organograma 114
CAPÍTULO 8 Pessoas tratadas como pessoas, não como cargos 126
CAPÍTULO 9 Sem significado, resultados perdem valor. 142

CAPÍTULO 10 Outras peças do quebra-cabeça:
Estrutura, Parceiros, Tecnologia e Inovação 151

CAPÍTULO 11 Paixão, o diferencial das culturas vencedoras 171

INTERVALO Após a bonança, a tempestade!. 183

TERCEIRO ATO
O RENASCIMENTO DO LÍDER 189

CAPÍTULO 12 Solte suas amarras: liberte-se
dos mitos sobre liderança 191

CAPÍTULO 13 As forças do NeoLíder 199

ATO FINAL
A HORA É AGORA! 209

A hora é agora!. 211

CONCLUSÃO Leitor, o próximo passo quem dá é você 231

Agradecimentos 233

**Fontes de inspiração, notas
e referências bibliográficas** 235

Bibliografia geral 249

Dedicatória *in memoriam*

A Frederick W. Taylor (1856-1915), pelo centenário da primeira obra sobre Administração, publicada em 1911.

A Peter Drucker (1909-2005), pelos 65 anos de publicação do livro *The Concept of the Corporation*, que estabeleceu as bases desse campo do conhecimento em 1946.

Aos demais pioneiros e fundadores do *Management*:
Henri Fayol (1841-1925)
Max Weber (1864-1920)
Mary Parker Follett (1868-1933)
Elton Mayo (1880-1949)
William Edwards Demming (1900-1993)
Joseph Moses Juran (1904-2008)
Douglas McGregor (1906-1964)
Abraham Maslow (1908-1970)
H. Igor Ansoff (1918-2002)
C. K. Prahalad (1941-2010)

E ao saudoso e querido José Osório Reis (1935-1989), professor de Teoria das Organizações na Universidade Federal da Bahia.

Carta dos Editores

A Integrare Editora tem o prazer de inaugurar o selo *Integrare Business*, voltado ao mundo empresarial, com o lançamento de uma obra original, escrita por um autor também original.

Tudo o que temos presenciado de César Souza – seus diversos livros, as palestras inspiradoras, sua atuação como um consultor bastante pragmático, as posições sobre as virtudes e idiossincrasias da vida empresarial, as aparições em programas de TV – tem sido original. Suas palavras sempre são plenas de criatividade e temperadas com uma elegante dose de humor e muita autenticidade, tratando de temas complexos de forma acessível, sem perder o necessário conteúdo.

César tem criado, ao longo dos últimos anos, vários conceitos inovadores como o da *Deterioração Organizacional* (1980) e *Clientividade*® (1998); ousou propor que o *Sonho é a Primeira Etapa do Planejamento Estratégico* (2003); alertou para as *Rupturas Construtivas* (2004) como opção de mudança nas carreiras e organizações; rompeu com a mesmice dos conceitos tradicionais de Liderança ao nos apresentar, em 2007, ao *Líder 2.0*, um personagem inspirador de carne e osso de que as organizações tanto carecem; e tem encorajado várias empresas a montar *Fábricas de Líderes*®.

Parece que tudo isso foi preparativo para a grande provocação que ele nos faz agora, ao lançar uma visão mais que original sobre a

A NEOEMPRESA

NeoEmpresa e ao convidar o leitor a ser coautor do que poderá vir a ser a Era do Neo*Management*, a partir de algumas sementes que começa a disseminar. Quem convive com ele consegue perceber a unicidade do seu peculiar artesanato intelectual que combina de forma sempre surpreendente fatos observáveis da realidade com conteúdos inovadores.

A partir de desafios que ele mesmo estabeleceu desde muito jovem, César tem pilotado sua carreira de forma bastante original, o que o levou, numa segunda etapa de vida, ao papel de executivo internacional, liderando projetos e empreendimentos bem-sucedidos em vários países da América Latina, da África, de Portugal e dos Estados Unidos, onde se radicou por mais de uma década como um dos arquitetos da estratégia de internacionalização de uma das primeiras multinacionais brasileiras.

Há mais de dez anos, César Souza se reinventou mais uma vez e tem privilegiado vários clientes com os serviços diferenciados que a empresa que fundou, a *Empreenda Consultoria*, presta visando construir empresas mais sustentáveis e longevas e líderes empresariais inspiradores e eficazes.

Nosso autor é movido pela paixão em todas as dimensões da sua vida. Uma delas é a de estimular a aprendizagem, compartilhar experiências, questionar verdades estabelecidas, provocar o novo, inspirar pessoas no processo de autodesenvolvimento contínuo ao longo da vida. Juntar o injuntável!

Leitor, saboreie cada capítulo deste livro, cada desdobramento desta história contada com maestria, ousadia e originalidade. Aproveite cada etapa desta viagem rumo ao futuro que já começou. Não desperdice a oportunidade de inventar o futuro da sua carreira e da empresa onde trabalha. Coragem: questione, solte suas amarras, sepulte as ideias mortas que não servem mais como guia e ouse, crie o novo, seja coautor da história do Neo*Management* na nova era que se descortina.

Os editores

A lâmpada não é a evolução da vela!

Sexta-feira, 11 de março de 2011. Às 14h46 de uma tarde de inverno, um tremor de 9 graus de magnitude na escala Richter devastou a costa nordeste do Japão. Seu impacto, semelhante ao de 27 mil bombas atômicas, segundo o Observatório Sismológico da Universidade de Brasília, gerou um *tsunami* com ondas de até 10 metros de altura que varreram a região. Nos locais mais afetados – as províncias de Miyagi, Iwate e Fukushima –, barcos, carros e caminhões foram arrastados; casas, prédios e viadutos destruídos. Pelas estimativas oficiais, divulgadas seis meses após a tragédia, passava de 20 mil o número de mortos e desaparecidos.

Pesquisadores do Instituto Nacional de Geofísica e Vulcanologia (INGV) da Itália relataram que o terremoto foi violento a ponto de deslocar em cerca de 10 cm o eixo de rotação da Terra. Em consequência, os dias ficaram mais curtos neste planeta azul. Cada um passou a ter 1,8 microssegundo a menos. Uma alteração imperceptível para a maioria das pessoas. Mas com um efeito prático surpreendente: instrumentos de alta precisão, como os relógios suíços, já não são capazes de medir acuradamente as 24 horas do dia.

Essa não deve ter sido a única vez que o eixo de rotação da Terra foi afetado. O terremoto do Japão foi o sétimo mais intenso da História da humanidade. Certamente, em catástrofes anteriores, esse tipo de deslocamento também deve ter ocorrido. A diferença é que as consequências desse tipo de evento agora podem ser avaliadas com maior exatidão.

Assim como o eixo de rotação da Terra mudou, o mundo empresarial também não é mais o mesmo. E os instrumentos gerenciais de que dispomos para medir essa nova realidade, a exemplo do relógio suíço, também já não são tão adequados.

Os princípios e as ferramentas de gestão do *Management* contemporâneo foram criados para um ambiente corporativo que ficou no passado. Portanto, estão se tornando imprecisos para a nova e mutante realidade. Eles não evoluíram tanto quanto deveriam e agora já não são tão eficazes, tendo em vista as profundas modificações impostas às empresas pelos novos tipos de clientes, pelas aspirações e valores das novas pessoas que nelas trabalham e pelo conjunto de novas expectativas das demais *partes interessadas* na vida de uma empresa – Acionistas, Parceiros, Distribuidores, Fornecedores, Comunidades, Formadores de Opinião e Órgãos Regulatórios.

Alguns poderão até achar que a diferença de 1,8 microssegundo é pouco, que ainda será possível levar desse jeito e não fará tanta diferença. Mas o assunto é tema de debates na ONU e, por enquanto, os países já convencionaram ajustar os relógios em um segundo de tempos em tempos para fazer face às mudanças causadas pela natureza no eixo de rotação da Terra. Contudo, a obsolescência do *Management* é seguramente muito maior que essa fenda de cerca de 10 cm no eixo do planeta e seu impacto de milésimos de segundos no "dia de 24 horas" ou de um minuto a cada 70 anos.

Você certamente já percebeu alguns dos sinais desse descompasso no universo empresarial:

- Estratégias brilhantemente arquitetadas que mal conseguem sair do papel e raramente funcionam quando começam a ser implementadas.

A LÂMPADA NÃO É A EVOLUÇÃO DA VELA!

- Clientes insatisfeitos, com expectativas frustradas devido à baixa qualidade do atendimento na "hora da verdade", quando compram ou usam os produtos e serviços amplamente anunciados.
- Pessoas infelizes por não conseguirem desenvolver seu potencial nas empresas e pela falta de significado do dia a dia do trabalho em suas vidas.
- Parceiros e sócios desconfiados, negociando na base dos medos e receios.
- Acionistas apreensivos pelos riscos que não conseguem antever nem controlar.
- Comunidades que não aceitam mais de forma passiva o impacto das empresas no seu cotidiano.
- Empresas engessadas em modelos de governança que não se adaptam aos jovens talentos inquietos que fazem parte da chamada "Geração Y". As empresas insistem nos tradicionais planos de carreira, na surrada ideia da escada com vários degraus até chegar ao topo, enquanto esses jovens têm pressa e preferem subir bem mais rápido. Muitas vezes caem fora, movendo-se numa velocidade proporcional ao seu talento.

Essas situações têm um denominador comum: as práticas de gestão ainda presas a princípios da Era Industrial, com dogmas e paradigmas que precisam ser questionados e reinventados.

Estamos dirigindo nossas empresas de olho no espelho retrovisor, guiando-nos, como sugeriu o renomado consultor norte-americano Gary Hamel, por princípios de *Management* concebidos por alguns gurus e profissionais nascidos no século XIX, praticados no XX e que não se ajustam mais ao contexto em que vivemos em pleno século XXI.

Mesmo atravessando esta era de mudanças radicais no desenvolvimento do conhecimento humano e de revoluções tecnológicas em vários campos, como a Biologia, a Medicina, a Informática, a Comunicação e as Telecomunicações, é necessário fazer um esforço imenso para nos lembrar de conceitos realmente inovadores que surgiram no *Management* nas duas últimas décadas.

Depois de sua criação, no início do século XX, o *Management* deu um salto logo após a Segunda Guerra Mundial e mais um nas décadas de 1970 e 1980. Desde então, o que tem proliferado bastante são as ferramentas, o "como fazer". As formulações conceituais de fato inovadoras, assim como práticas gerenciais realmente pioneiras, têm sido raras e isoladas.

Tão grave quanto a escassez de abordagens novas e eficazes é constatar que mesmo as novidades que foram propostas ou não são do conhecimento da maioria das empresas ou não têm sido colocadas em prática com a profundidade merecida. A maioria prefere o lugar-comum do já conhecido e continua tentando aperfeiçoar as técnicas e ferramentas usadas no século passado.

Precisamos evoluir, dando um passo além. Isso significa praticar mais – de fato e não apenas na retórica – o que já existe de novo, formular os novos paradigmas do *Management*, visualizar as características diferenciadoras da NeoEmpresa e do NeoLíder.

Antes, porém, é preciso compreender que o computador não é a evolução da máquina de escrever! Ou melhor, como nos ensina de forma genial o publicitário Júlio Ribeiro, **a lâmpada não é a evolução da vela**.

Não adianta apenas acomodar, tornar mais eficientes nem aperfeiçoar as ferramentas e os instrumentos de gestão disponíveis. Isso seria o equivalente, a partir do que existe no *Management* hoje, a tentar desenvolver uma vela melhor para iluminar o caminho.

A LÂMPADA NÃO É A EVOLUÇÃO DA VELA!

Como algumas vezes é difícil assimilar uma novidade, inicialmente tendemos a ver uma nova ideia como uma variação ou desenvolvimento de um conceito familiar ou antigo. Não é esse o caso. Coragem, leitor! É necessário mudar o modelo mental, a forma de pensar e exercer o *Management* para desenvolver algo que ilumine melhor, de modo mais claro, perene, intenso e condizente com a nova e cambiante realidade.

Trata-se, pois, de inventar a lâmpada para lançar uma luz mais apropriada aos novos tempos desse universo empresarial em reconfiguração.

O próximo passo

A NOVA FORMA DE PENSAR deve ser buscada visando não apenas oferecer novas respostas para velhos problemas que continuam a nos atormentar por serem recorrentes, mas também encontrar respostas para os novos desafios que começam a nos angustiar por nos pegarem de surpresa. Além disso, já é necessário buscar soluções inovadoras para situações que nem conhecemos ainda – para que a sua carreira e a empresa em que trabalha tenham um futuro mais saudável.

Insistir no velho modelo é ignorar que o eixo do mundo corporativo está mudando. É aplicar soluções obsoletas aos desafios atuais. Infelizmente, a maioria das empresas e escolas de negócios comete esse equívoco: continua formando líderes e gestores para o passado, para uma realidade que não existe mais.

Não podemos mais dirigir empresas, governos e instituições amarrados ao passado. Temos de inventar o futuro. O futuro é o passado pelo qual queremos ser lembrados, o legado que pretendemos deixar. Temos de cultivar o que será a nossa herança para as próximas gerações.

Seria oportuno tomar de empréstimo outra brilhante ideia, desta feita do reconhecido José Carlos Teixeira Moreira, autor e consultor especializado em marketing B2B (*business to business*). Ao diferenciar o **eterno** do **moderno**, ele demonstra que ser inteligente nem sempre consiste em substituir um pelo outro, mas em introduzir no que é eterno as características do moderno.

Já sabemos que determinadas características são **eternas** na vida de uma empresa de sucesso, tais como:

(1) Estratégia bem definida e um processo disciplinado de Planejamento Estratégico.
(2) Líderes inspiradores e equipes motivadas.
(3) Clientes leais.
(4) Parceiros e fornecedores eficientes.
(5) Estrutura organizacional adequada. E sempre será fundamental a produção de Resultados que garantam a sobrevivência e o investimento necessário para o crescimento sustentável do negócio.

Pois bem, a Era do *Management* nos ajudou a chegar até este ponto. O que precisamos agora – diante das novas circunstâncias e de clientes, pessoas e parceiros com novos sonhos e demandas – é repensar e enriquecer alguns dos seus princípios e dar o próximo passo, vislumbrando as características da empresa **moderna** do século XXI, a **NeoEmpresa**.

Em vez de considerá-la o centro de gravidade do universo corporativo, como estamos acostumados a fazer, imagine a **NeoEmpresa** como uma entidade **multicentrada**, que gravita em torno de Clientes, Pessoas, Acionistas, Parceiros, Investidores, Comunidades e demais *partes interessadas*.

Ela possui diversas características que a diferenciam das empresas tradicionais do passado. A **NeoEmpresa**:

Constrói um "Mapa de Geração de Valor", em vez de apenas procurar resultados de curto prazo. Essa construção de valor é decorrente do significado percebido pelas entidades que fazem parte do seu modelo de negócios, o que conduz a resultados surpreendentes, indo muito além do "mero" valor econômico.

Integra, de forma orgânica, sistêmica e diferenciada (1) o modelo de negócios; (2) o modelo de gestão; e (3) o modelo organizacional, indo muito além da "colcha de retalhos" que caracteriza as fragmentadas empresas tradicionais.

Atrai e desenvolve líderes inspiradores, verdadeiros "construtores de pontes" que investem na formação de outros líderes, indo muito além dos chefes "construtores de paredes" individualistas e sectários que formam apenas seguidores.

Luta pelo progresso dos seus Clientes, em vez de apenas buscar o próprio progresso. Coloca o cliente no centro do seu organograma – uma vez que sabe que o seu sucesso é consequência direta do sucesso dos seus clientes, distribuidores e parceiros. Educa o cliente para o que de fato necessita, transpondo simplesmente atender a desejos e "superar expectativas".

Customiza a Gestão das Pessoas, em vez de apenas "gerenciar cargos". Respeita a individualidade de cada um, oferecendo uma razão inspiradora para suas vidas. Obtém, assim, o melhor do seu patrimônio humano, indo muito além de simplesmente contar com "colaboradores satisfeitos".

Valoriza o intangível, em vez de apenas o tangível. Diferencia-se dos concorrentes por cultivar confiança, relacionamentos diferenciados, cultura diferenciadora e clima de inovação, indo muito além da gestão eficiente de capital, equipamentos, estoques, tecnologia e instalações.

Desenvolve uma Cultura Integradora, organizada por negócios, indo muito além de apenas incentivar a tradicional postura fragmentadora, baseada na organização funcional.

Constrói "Arquipélagos de Excelência", em vez de "ilhas de competência". Busca alto grau de integração tanto nas suas equipes de alta *performance* quanto na arquitetura de poderosos *hubs* de parceiros, ultrapassando gestão de fornecedores e de prestadores de serviços.

Cultiva a paixão, em vez de valorizar apenas as pesquisas de motivação de funcionários e de satisfação de clientes. Constrói em todos os níveis e em todos os componentes do seu negócio um clima de apaixonamento, indo muito além de ser apenas uma "empresa admirada".

Reinventa-se continuamente, criando uma Cultura de Inovação permanente, ao incorporar clientes e parceiros na busca de soluções a quatro mãos, integradas e conjuntas, superando a criatividade espasmódica e das "caixinhas de sugestões".

Uma característica que vale a pena destacar: **a NeoEmpresa valoriza o sonho como primeira etapa do Planejamento Estratégico,** levando em conta as aspirações de Empreendedores, Clientes, Parceiros e Colaboradores, em vez de considerar o processo de planejamento apenas um ritual lógico e racional para registrar decisões e metas.

A LÂMPADA NÃO É A EVOLUÇÃO DA VELA!

Até a década de 1980 ainda se dizia que "o segredo é a alma do negócio". Os publicitários venderam a ideia de que "a propaganda é a alma do negócio". Na NeoEmpresa, "a alma é a propaganda do negócio". Seja bem-vindo à Era do Pós-*Management*. Ou, se você for mais conservador e assim o preferir, seja bem-vindo ao Neo*Management*. Ou ao *Management* na Era Pós-Moderna!

Não podemos deixar de ousar e correr o risco de nos perder por continuarmos resistindo à mudança, estacionados, na ilusão de estar caminhando, simplesmente porque o mundo vai passando por nós e nos deixando para trás.

Aliás, faz-se sábio aceitarmos o convite formulado pelas palavras atribuídas ao filósofo dinamarquês Sören Kierkegaard (1813-1855): "Ousar é perder o equilíbrio momentaneamente. Não ousar é perder-se".

Uma nova Era se descortina.

Responda francamente: você e sua empresa estão preparados para ter sucesso nos dias que virão?

Se você quer começar a inventar o futuro – identificar algumas certezas estabelecidas que precisam ser desbancadas, ajudar a pensar as bases do que poderá vir a ser uma nova Era do *Management* e construir as práticas da **NeoEmpresa** –, vire esta página e venha fazer parte dessa aventura.

César Souza
(cesarsouza@empreenda.net)

P.S.: Comecei a escrever mentalmente este livro no domingo de carnaval de 2011, caminhando na agradável Praia do Forte, perto de Salvador. Coincidência: foi essa bela cidade que me deu régua e compasso para entender os meandros do *Management* na década de 1970, quando

A NEOEMPRESA

a Administração apenas começava a ser reconhecida como uma profissão no Brasil. O ponto final foi colocado em outra fascinante esquina do mundo, em Istambul, Turquia, durante uma madrugada, no histórico bairro de Sultanahmet, no terraço de um hotel que, ironicamente, nas primeiras décadas do século passado, serviu de prisão para escritores dissidentes. *Birşey değil!* Seja bem-vindo!

INTRODUÇÃO **NADA DO QUE FOR SERÁ COMO ANTES**

– **Que o mundo tem mudado** de maneira significativa não é segredo para ninguém. O que nem todos percebem é que nossas velhas fórmulas não funcionam mais. Estamos cheios de desafios, mas temos enfrentado dificuldades para executar nossas estratégias e aproveitar melhor as oportunidades que não estamos sabendo capturar.

Com essas palavras, o Presidente da empresa onde trabalho como Diretor Comercial fez a abertura da nossa Convenção Anual, em um conhecido *resort* no belo litoral do Nordeste brasileiro. A intensa programação estava começando na noite daquela quinta-feira e se estenderia até a hora do almoço de sábado.

O Presidente afirmou que a empresa tem alcançado um lucro até razoável, mas revelou que os acionistas estão apreensivos, pois precisam de resultados melhores para cobrir os prejuízos e os investimentos em outros países. Confessou que os clientes tradicionais apontaram um nível de satisfação menor que o apurado na última pesquisa, que a empresa perdera vários talentos para concorrentes por oferecerem maiores chances de crescimento profissional em curto prazo e que começara uma disputa judicial contra nosso principal distribuidor.

Então, fez uma pausa e, com a voz um pouco embargada, deixou escapar:

– Nos momentos de solidão penso com os meus botões que, no fundo, no fundo, quem está no comando da nossa empresa não sou eu nem vocês, mas sim algumas crenças e verdades que estão nos condicionando a um modelo de governança que nos últimos anos se tornou uma verdadeira camisa de força. Temos de questioná-las!

O Presidente fez questão de elucidar que não queria estragar nosso jantar, que seria servido logo em seguida, nem a estadia naquela agradável localidade. Mas deixou claro que sabia que a nossa empresa estava gerando um passivo ambiental e que vários diretores, com receio de levar bronca, tentavam esconder isso dele. Ele também não se conformava com o fato de a empresa não estar promovendo um projeto relevante de responsabilidade social. Enfatizou que, de modo nenhum, sua intenção era nos assustar. Pretendia apenas compartilhar conosco suas preocupações e esperava contar com o melhor de cada um de nós para, juntos, encontrarmos o caminho em direção a um futuro mais promissor e feliz para todas as partes interessadas, elevando a empresa a um novo patamar de sucesso e sustentabilidade.

Foi interrompido pelos aplausos, pela vocalização de apoios e até mesmo por alguns assovios e gritos de estímulo.

– Só posso afirmar que **nada será como antes**. Precisamos reinventar nossa empresa neste mundo em reconfiguração. Não conheço nenhum consultor que possa nos ajudar a fazer essa virada. Peter Druker, como todos sabem, já partiu deste mundo. Prahalad, também. Foram enormes perdas para o pensamento gerencial e para o *Management*, especialmente nesta época de mudanças em que vivemos. Mas confio em vocês para encontrarmos as novas bases sobre as quais deveremos assentar nossas decisões e comportamentos rumo ao caminho que precisamos trilhar – concluiu de forma enfática e motivacional.

INTRODUÇÃO **NADA DO QUE FOR SERÁ COMO ANTES**

Aplaudi, mas sentia algo estranho que não conseguia definir. Estava surpreso, inquieto, mobilizado. Queria fazer algo, sem saber exatamente o que. Logo pensei na minha área, em como aumentar o grau de satisfação dos clientes. A empresa havia decidido ampliar significativamente a base de consumidores. O sucesso das nossas iniciativas quase dobrou nossa fatia de mercado, deteriorando, contudo, nossa qualidade de atendimento. Além disso, havíamos conquistado clientes com base em descontos significativos, o que, aliado à elevada inadimplência, acabou baixando nossa rentabilidade.

Estava preocupado com nossos distribuidores, alguns em pé de guerra conosco. Pensei também em concentrar esforços nos nossos pontos de venda, pois eles começaram a exigir muito mais do que julgávamos adequado para eles. Tentava sempre convencer o gerente de vendas, a mim subordinado, de que precisávamos conhecer os clientes em maior profundidade, mas ele sempre respondia, esfregando o dedo indicador direito na palma da mão esquerda:

– Estou há 20 anos neste mercado e conheço os clientes como a palma da minha mão.

Olhei ao redor para observar a reação "da plateia" ao discurso do chefe. As pessoas pareciam surpresas. Algumas não conseguiam esconder que estavam atônitas. Porém, uma jovem destoava do conjunto. Sentada do meu lado direito na mesa redonda onde estávamos instalados, ela parecia bastante tranquila e confiante.

Primogênita dos quatro filhos de uma auxiliar de enfermagem e de um motorista, essa jovem cursou Administração de Empresas em uma universidade pública enquanto trabalhava para ajudar nas despesas da família. Começou na empresa como *trainee* na área administrativa, logo após terminar sua graduação. Foi progredindo, destacando-se por seu desempenho, pela preocupação constante em estudar e se atualizar e

A NEOEMPRESA

pelo foco em resultado. Seu pensamento inovador era notado em toda a empresa. No ano anterior, aos 27 anos e após concluir um MBA, foi promovida a Gerente Financeira.

Os dois outros lugares da mesa eram ocupados pelo Diretor de Recursos Humanos e o Diretor de Logística. Tenho diversas afinidades profissionais com o primeiro: nas horas de decisão, quase sempre assumíamos as mesmas posições. Quanto ao colega de Logística, reinava entre nós certa distância; quase sempre nossas opiniões eram antagônicas. Ambos pareciam concordar com os comentários do Presidente, mas consideravam aquele assunto um desmancha-prazeres. Achavam que poderia ser tratado no dia seguinte e não naquele jantar de confraternização.

– Viajar três horas de avião, chegar aqui neste paraíso para começar a noite ouvindo esse tipo de coisa, francamente... – murmurava o Diretor de Logística, momentos depois de ter aplaudido o chefe e gritado: "Bravo!".

Observei o Presidente, que ainda estava no pódio, cercado pelos que sempre faziam questão de marcar presença e cumprimentá-lo. Aos 60 anos, ele é uma das estrelas do mundo empresarial. Assediado pela mídia, paparicado pelos subordinados, admirado pelos pares no restrito clube dos presidentes de empresas. No último evento de premiação do Fórum de Líderes Empresariais, destacou-se ao valorizar os talentos, entre outras abordagens que sempre o mantêm em destaque.

Admirador das artes, ele tem grande paixão pela ópera e pelo teatro. *Tristão e Isolda* e *Hamlet* são suas peças favoritas. Não se cansa de vê-las toda vez que são encenadas, no local do mundo onde se encontrar. Assumiu o comando da empresa há quase dez anos, em um momento difícil, recrutado no mercado devido à sua atuação de destaque em outra companhia. Em cerca de 15 meses promoveu uma virada que elevou a empresa a outro patamar. Mas agora se defronta com uma nova onda de desafios.

INTRODUÇÃO **NADA DO QUE FOR SERÁ COMO ANTES**

Na última reunião de diretoria ele insinuou que ocupará por mais dois anos o atual cargo. Depois, deve ir para o Conselho de Administração da empresa e, a partir daí, pretende dedicar-se ao ensino, talvez escrever um livro e apoiar um empreendimento cultural, usando sua enorme capacidade de relacionamento social.

Em certa oportunidade, durante um momento descontraído, perguntei a ele qual seu maior pesadelo. Deixou escapar que seria encerrar sua carreira com um fracasso no currículo. Parecia preocupado com o que chamou de "desempenho subsatisfatório" da empresa, ou seja, positivo, porém complacente por estar bem abaixo do real potencial de entrega de resultados.

- Você já percebeu que as pessoas passam para a História não pelos acertos, mas pelos erros que cometem?

Havia um motivo a mais para a sua melancolia. Apesar do sucesso profissional, ele vivia um momento particularmente difícil na vida pessoal: estava se divorciando da esposa, com a qual vivera por quase 30 anos e tivera três filhos. O mais velho, formado em Engenharia e já casado, havia sido responsável por uma de suas maiores alegrias nos últimos tempos: o nascimento do netinho. Os outros dois, um rapaz e uma moça, ainda cursavam faculdade e pareciam inseguros com a separação dos pais. Já o ouvira dizer, após duas doses de uísque em um coquetel empresarial, que estava "cansado de ser uma estrela brilhante no trabalho e uma lua minguante em casa".

Lembro-me bem de quando, há cinco anos, fui entrevistado por ele como candidato à vaga da diretoria comercial. Na época, aos 35 anos, eu ansiava pela oportunidade de ter maior grau de autonomia e de exercer melhor meu lado empreendedor. Seria meu terceiro emprego.

Já havia trabalhado em uma empresa tipicamente familiar, mas o fundador já beirava os 80 anos e ainda não havia escolhido um sucessor.

Seus herdeiros puxavam o barco cada um para o seu lado, deixando o ambiente de trabalho insuportável. Era preciso pertencer a uma ou outra facção da família. Do contrário, não havia chance de progredir.

Dali fui para uma multinacional japonesa, séria e profissionalizada, mas a empresa era muito rígida e o senso de hierarquia e autoridade engessava as ideias e bloqueava a minha espontaneidade. Tinha estudado na Europa, onde fiz um mestrado em Administração, e queria trabalhar numa empresa europeia, apesar de reconhecer que o marketing nunca foi o forte no Velho Mundo.

Na entrevista, o Presidente deixou bem claro o que esperava do futuro responsável pela área comercial. Deu detalhes da sua base educacional, da experiência profissional nos Estados Unidos e disse acreditar muito no pragmatismo norte-americano associado ao humanismo europeu como filosofia de gestão. Foi isso que me conquistou. Decidi aceitar o convite.

O início nesse emprego coincidiu com outra grande mudança. Eu havia acabado de me casar novamente. Estava reconstruindo minha vida afetiva e profissional. Na época, já tinha um filho do primeiro casamento. E três anos depois, da segunda união, nasceu o caçula.

Enquanto estava às voltas com minhas memórias, os garçons começaram a servir o jantar. Durante toda a refeição não se falava em outra coisa a não ser no "discurso" do chefe. Causou o impacto que ele desejava, atraindo a atenção de todos para o assunto principal daquela convenção: Como reinventar a empresa em um mundo em rápida transformação? como obter novas respostas para os problemas recorrentes? Como prepará-la, não só para enfrentar os problemas atuais, mas também para os novos desafios que nem conhecemos ainda?

A comida estava excelente, os frutos do mar se harmonizavam com o bom Chardonnay chileno, vinho típico da região do vale do Maipo. Ao

INTRODUÇÃO **NADA DO QUE FOR SERÁ COMO ANTES**

degustá-lo, o Diretor de RH recordou o passeio que ele e a mulher haviam feito àquele país sul-americano, no ano anterior. O casal não tinha filhos e viajava com frequência.

A Gerente Financeira deixou escapar que tinha muita vontade de conhecer essa rota dos vinhos, mas ainda não conseguira persuadir o conhecido publicitário com o qual dividia o teto. Para ele, férias eram sinônimo de praia, sol e calor.

O Diretor de Logística aproveitou a deixa para louvar as vantagens de sua vida de solteiro:

– Faço o que quero e não preciso dar satisfações a ninguém – gabou-se de modo meio inconveniente.

Para desfazer o pequeno mal-estar, procurei puxar logo a conversa para a provocação inicial do nosso Presidente sobre as crenças que aprisionam nossa empresa. Como ele insinuou, talvez tais verdades estejam, na prática, dirigindo nossa empresa e condicionando nossas decisões sem percebermos claramente essa influência.

Abri a conversa recordando aquele tempo em que acreditávamos que a Gestão do Cliente era responsabilidade apenas da área comercial, do marketing e das vendas.

– Tem um problema com o cliente? Chama o comercial! – acrescentei, com certa ironia.

Assim, o financeiro nunca achava que ao emitir ou cobrar uma fatura poderia ter a oportunidade de ajudar a fidelizar um cliente ou até mesmo perdê-lo, caso o atendimento fosse inadequado. Da mesma forma, quando a logística não entregava o produto no prazo prometido ou, no momento da entrega, a qualidade do contato não era eficaz, não se cogitava que isso poderia contribuir para reclamações e a perda desse cliente. Isso sem falar dos problemas gerados quando a qualidade do produto não é satisfatória.

O meu colega da Logística não apreciou muito o comentário e revidou dizendo que se lembrava do tempo em que a principal filosofia de gestão era "cada macaco no seu galho":

– A logística sempre foi o último galho da árvore corporativa, pois o comercial vendia e nem sempre avisava a tempo os compromissos assumidos, nem os prazos de entrega.

O Diretor de RH afirmou, então, que se lembrava da época em que o tempo ocupando um cargo era valorizado como passaporte para maiores responsabilidades e oportunidades de promoção, com os aumentos salariais consequentes.

– Antiguidade é posto! Uma espécie de direito adquirido. As pessoas ficavam revoltadas quando um funcionário mais novo era promovido ou quando se buscava alguém no mercado com a nova competência de que a empresa necessitava. Sentiam-se injustiçadas – acrescentou meu colega. – Muitas empresas hoje em dia ainda perdem competitividade por tomar decisões à luz dessa regra.

Com um tom de nostalgia, ele também recordou a época em que podíamos nos dar ao luxo de separar a vida pessoal da vida profissional: a regra era deixar as emoções em casa, assim como os problemas familiares, trazendo para a empresa apenas sua habilidade profissional e seu lado racional e lógico.

– Mas isso era no tempo em que a inovação ficava confinada ao Departamento de Pesquisas e Desenvolvimento – retrucou a jovem Gerente Financeira. – Hoje precisamos de ideias criativas em todos os níveis e em todas as áreas. Inovação não é mais para ser tratada em um apêndice da empresa. Como uma empresa pode ser inovadora se as pessoas deixam as emoções em casa, usando apenas o seu lado racional?

– Ainda hoje muitas empresas só praticam a inovação no departamento de P&D – objetou o DRH. – Nas demais áreas, o erro não é permitido,

INTRODUÇÃO **NADA DO QUE FOR SERÁ COMO ANTES**

a criatividade é inibida e ainda predomina o "Você é pago para fazer e não para pensar". Essa ideia departamentalizada do trabalho ainda é responsável pela dicotomia entre o pensar e o fazer, o planejamento e a ação, a emoção e a razão, o intelecto e a intuição. Você não ouviu o que o nosso Presidente falou sobre a dificuldade de executar as estratégias traçadas? A culpa é dessa separação entre quem planeja e quem executa. Essa é a origem também dos verdadeiros feudos em que vivemos: cada um cuida da sua área, faz a sua parte e esquece o todo, perde a visão integrada, sistêmica, que deveria guiar nossas decisões.

– Você mesmo – acusou o Diretor de Logística, dirigindo-se a mim com o dedo em riste. – Você bateu a sua meta de aumentar a base de clientes, ganhou até bônus por isso, mas a rentabilidade caiu porque você deu descontos absurdos, trouxe clientes inadimplentes e isso prejudicou o todo.

Engoli em seco. Tinha de admitir que estava errado. Agi segundo a crença de que para a empresa valia a pena ser a líder do setor: quanto maior a fatia de mercado, melhor. Mais uma vez ficava evidente que uma crença inadequada guia a decisões que nos fazem errar. Preferi reconhecer isso a contestar por contestar.

O DRH rapidamente retomou sua preleção. Pude perceber sua intenção de me tirar daquele apuro:

– O problema maior é que nosso modelo mental é mais ou menos assim: primeiro definimos a estratégia, depois a estrutura e, por fim, buscamos o profissional com o perfil adequado para preencher os quadradinhos do organograma. Será que essa ainda é a melhor maneira de formatar uma empresa? Será que só devemos pensar nas pessoas depois de definir a estratégia e desenhar a estrutura?

O Diretor de Logística voltou à carga, lembrando do tempo em que acreditávamos que nossos produtos eram imbatíveis e que "em time que está ganhando não se mexe". Os sucessivos problemas que enfrentamos provam que nossa crença na invencibilidade dos nossos produtos é falsa.

– Pena que não percebemos isso antes – comentei. – Sei que, antes de pensarmos na estratégia, na estrutura, nos resultados e na satisfação dos clientes, precisamos repensar nossas premissas e crenças sacrossantas sobre como construir e como pôr para funcionar uma empresa de sucesso nas novas circunstâncias em que o mundo vive.

Foi a vez de a jovem gerente contestar, de forma educada, porém firme:

– Mas a prescrição para a cura é bastante dolorosa porque exige algo que esbarra na resistência das pessoas: mudar a forma de pensar!

Tive de concordar com ela. Mudar a forma de pensar é tão difícil quanto aderir a uma nova convicção religiosa ou trocar o time de futebol pelo qual se torce.

Comecei, então, a refletir sobre os desafios a serem enfrentados e as ideias que é preciso sepultar. E, principalmente, sobre como uma empresa moderna deve funcionar.

Acredito que o problema não reside apenas nos instrumentos inadequados – como os relógios suíços que deixaram de medir com precisão o que não existe mais, o dia de 24 horas. Tampouco decorre da falta de instrumentos e ferramentas. A origem de muitos problemas organizacionais está em algumas ideias mortas, no mínimo obsoletas, que ainda guiam nossas empresas em pleno século XXI.

Algumas dessas ideias – que os acionistas, toda a diretoria e muitos de nós ainda temos e das quais não conseguimos nos livrar – ainda estão determinando a forma como lideramos e fazemos escolhas na hora da tomada de decisão. Elas nos bloqueiam e nos fazem construir o que não funciona mais. O nosso desafio não é apenas o de enumerar tais ideias. Precisamos sepultá-las e desenvolver nossa habilidade de formular as perguntas que exponham a tolice dessas "certezas" que temos de desbancar.

E, antes que alguém me interrompesse ou refutasse minha tese, já comecei a reunir argumentos de que algumas ideias não resistem às circunstâncias novas:

– Obras de vários autores já foram declaradas anacrônicas e incapazes de explicar a natureza dos novos tempos. Poucos pensadores têm resistido ao tempo, como Darwin, Galileu e Freud – declarei, enfaticamente. – Um dos motivos pelos quais as ideias de Darwin perduraram foi sua simplicidade. Sua explicação para a variedade da vida na Terra e a evolução das espécies derrubou as teorias anteriores e fundamentou a Biologia moderna.

Ia discorrer mais sobre o tema quando o Diretor de Logística disse que precisava pedir um analgésico. Não devido ao vinho – fez questão de frisar. Mas porque aquela conversa estava começando a lhe causar uma desagradável dor de cabeça.

Ele não imaginava o que ainda estava por vir, o rumo que a conversa tomaria. A moça, do alto da irreverência da sua juventude, disse que gostaria de compartilhar conosco uma ideia inusitada que lhe ocorrera:

– Fico imaginando como seria um encontro entre os principais gurus do *Management*. Que análise eles fariam sobre os tradicionais princípios de gestão que não dão mais conta dos fenômenos que ocorrem dentro do universo empresarial hoje. E quais ideias dariam origem ao novo paradigma, que poderíamos apelidar, quem sabe, de Neo*Management*.

Ela propunha uma forma inesperada de exercitarmos o olhar a partir do incômodo decorrente da inadequação entre os princípios tradicionais da gestão e a nova realidade do mundo organizacional. Afinal, que ideias podem ter sido úteis no passado, em determinadas circunstâncias, mas não são mais adequadas à realidade atual? Que conceitos alguns desses gurus criaram para responder a desafios e demandas de outra época, e precisam ser superados agora para criar espaço para o novo?

– Eles nunca se encontraram, mas imaginem se isso acontecesse – prosseguiu a jovem gerente. – O que será que eles fariam se estivessem aqui, agora? Gostaria de imaginar o que eles pensariam se conhecessem a atual dinâmica do mundo e da vida empresarial.

E, sem pestanejar, continuou:

– Penso no local ideal para esse encontro inverossímil, mas necessário. Uma espécie de Olimpo onde empresários, executivos, gerentes e atuais pensadores da Administração, juntamente com os pioneiros e fundadores do *Management*, pudessem refletir sobre o que deve ser abandonado e desenfatizado e sobre o que deve ser criado. O que precisamos aprender a desaprender para nos libertar de certas crenças, alterar pensamentos e mudar nossos comportamentos e nossas práticas na nova empresa que temos de construir – tomou fôlego e repetiu, suspirando. – *Eles nunca se encontraram, mas imaginem se pudessem se reunir... Imaginem se pudéssemos nos encontrar com esses gurus.*

Todos riram. Não sei se por nervosismo, gozação ou simplesmente por acharem a ideia exótica. Confesso que minha primeira reação foi de incredulidade e até de rejeição. Parecia uma piração, uma viagem, algo inexequível, inviável, improvável.

Já era hora de dormir, o jantar já havia se encerrado, apenas algumas poucas pessoas permaneciam no salão. Fizemos uma despedida protocolar e cada um se dirigiu ao seu aposento.

Na subida do elevador, o Diretor de Logística ainda insinuou que a jovem Gerente Financeira devia ter bebido um pouco mais de vinho e por isso estava "tão descontraída e criativa", segundo suas palavras. E me aconselhou a não dar trela para essa "ideia maluca".

— Essa moça é competente, mas muito irreverente — justificou-se e em seguida alfinetou. — Esse pessoal mais jovem é assim mesmo, parece que anda com a cabeça nas nuvens; ainda não entendeu como é a vida real dentro de uma empresa.

Cumprimentei-o, agradeci e, ao chegar ao confortável quarto a mim reservado, telefonei para minha mulher. Resumi os acontecimentos do dia e contei sobre a ideia de organizar um improvável *encontro dos gurus*. Ela achou aquilo delirante. Disse que a empresa teria muito mais a ganhar se diretores e gerentes ficassem mais focados nos problemas da empresa em vez de tentar tirar coelhos de cartolas.

Apesar do comentário nada favorável, aquela sugestão incomum ainda me parecia estimulante. Deitei, mas não consegui pegar no sono. Virava de um lado para o outro da cama, remoendo aquela ideia. Passei a noite às voltas com esses pensamentos.

Ah! Se pudéssemos convidar Frederick Taylor, Henri Fayol, Max Weber, Mary Parker Follett, Elton Mayo, Henry Ford, Abraham Maslow, Douglas McGregor, Igor Ansoff e, claro, alguns brasileiros, como o Barão de Mauá, primeiro grande empreendedor brasileiro, o polêmico sociólogo Guerreiro Ramos e um ou dois instigantes professores de Administração do Brasil, conhecedores da nossa realidade, para trocar umas ideias sobre o novo. Obviamente não poderia faltar Peter Drucker.

Aquela ideia continuou me perseguindo durante toda a caminhada que fiz na praia pela manhã, naquela sexta-feira de sol ameno. Insistiu em me atormentar no café da manhã. Escolhi os alimentos certos — pão integral, queijo branco, café com leite desnatado, frutas e cereais —, mas não consegui me concentrar na refeição.

Se por um lado a ideia da jovem me instigava, por outro despertava muitos temores. Será que valeria a pena ficar elucubrando sobre esse tipo de assunto a essa altura da carreira? Ouvia uma voz dizendo dentro de mim: "Sua área está indo tão bem, você tem empregabilidade, 40 anos, mulher e dois filhos. Pra que esquentar a cabeça?"

Incomodado pelo conflito, pensei em conversar com um querido professor do tempo da faculdade, um orientador da minha carreira que acabou se transformando em uma espécie de mentor. Ele sempre tinha as palavras certas na hora certa. Suas ponderações me ajudaram muito em momentos de impasse, como esse que eu enfrentava. Tinha certeza de que falar com ele evitaria a segunda noite em claro. Mandei-lhe um torpedo, sugerindo uma conversa telefônica para as 19h daquele dia.

O dia transcorreu com uma programação intensa de palestras e apresentações, todas focadas na elaboração de propostas sobre como melhorar os resultados do próximo exercício fiscal. Predominava uma visão imediatista. Apenas de leve (muito leve!) os palestrantes tocaram na provocação do Presidente sobre as crenças e as filosofias de gestão.

No intervalo da tarde, o Presidente expressou, em torno da mesa do lanche, num encontro casual comigo, o DRH, o Diretor de Logística e a Gerente Financeira, sua frustração com o rumo das conversas. – O que faço? Contrato uma consultoria? Um psicólogo? Mandamos a turma fazer um curso em uma escola renomada de Gestão no exterior, como Harvard ou Insead? – indagou. – Preciso desbloquear essa forma automática de pensar e de agir na empresa.

Aproveitei para avisá-lo de que estava bastante cansado daquele intenso dia de trabalho e preferia não participar do jantar nem do *show* musical programado para aquela noite. Havia decidido dormir cedo,

INTRODUÇÃO **NADA DO QUE FOR SERÁ COMO ANTES**

pois a minha apresentação seria a primeira da manhã seguinte, sábado, dia de encerramento da nossa convenção.

Foi então que percebi o aviso de mensagem no celular: era um torpedo do professor, confirmando a conversa dessa noite. Senti um ligeiro alívio.

Ainda faltava uma exposição, a mais esperada, naquela tarde de sexta-feira, a do Vice-Presidente Financeiro sobre a situação da empresa, mostrando os resultados alcançados no último exercício e os projetados para o ano fiscal seguinte.

No meio da apresentação, quando ele confirmava que realmente tínhamos um "desempenho *apenas* satisfatório", recebi um bilhete, que dizia:

"Cheguei à conclusão de que o *encontro dos gurus* que mencionei ontem deveria ser realizado no Monte Nemrut, na Turquia. Um local meio místico, de culto greco-persa, que mistura o Oriente com o Ocidente. É conhecido pelas famosas esculturas de pedra calcária ao ar livre na forma das cabeças de Zeus, Apolo, Hércules e vários outros deuses da mitologia grega. Você já esteve lá?"

Devolvi o bilhete dizendo que nunca havia estado naquele lugar, nem sequer ouvira falar dele. Mas escrevi, em tom meio irônico: "Quero ser o primeiro a chegar para esse encontro surreal, caso você consiga agendá-lo".

Por volta das 19h, subi rapidamente para o meu quarto, onde pretendia conversar mais à vontade com o professor. Muito simpático, ele foi logo se colocando à disposição do "seu eterno aluno", como eu sempre faço questão de frisar. Havíamos desenvolvido uma forte amizade ao longo dos anos.

Expliquei a situação em que estava envolvido, a convenção, o alerta do chefe, a ideia maluca da colega, a reação do Diretor de Logística. E, principalmente, a inquietude que me consumia, o desejo de descobrir novas formas de pensar que ajudassem a construir um futuro mais saudável para a empresa.

– Sinceramente, não vejo razão para que encare isso como um conflito – procurou me tranquilizar. – Encorajo você a prosseguir com suas indagações. Aos 40 anos de idade é muito cedo para uma pessoa se acomodar. Dê margem à sua imaginação. Solte suas amarras. Questionamento é a base do crescimento, lembra-se disso?

Mencionou que, pelo tom da minha voz, eu parecia bastante cansado. E acrescentou:

– Procure dormir para que amanhã cedo possa brilhar na sua apresentação. E, olhe, essa viagem que a moça sugeriu... Uau, dá até vontade de ir junto!

Desliguei o telefone, deitei e, sem trocar a roupa, dormi profundamente naquela noite de sexta-feira.

PRIMEIRO ATO
A DOR DE MUDAR A FORMA DE PENSAR

INTRODUÇÃO
A DOR DE MUDAR A FORMA DE PENSAR

CAPÍTULO 1 **O MUNDO EM TRANSE**

O Monte Nemrut é um lugar enigmático. Foi encontrado por um engenheiro alemão em 1881, mas só foi totalmente documentado na década de 1990. Situa-se na Anatólia Oriental, uma vasta região da Turquia banhada por lagos e pelo nascedouro dos rios Tigre e Eufrates. É um destino atraente para viajantes pouco convencionais, de espírito aventureiro.

O monte se tornou mundialmente conhecido pelas enormes cabeças de pedra calcária representando deuses gregos e persas.

– As estátuas foram construídas por iniciativa do rei Antióquio I, governante da região entre 64 e 38 a.C. – contou-nos Hayal, o motorista da van que nos conduzia, ao fazer as vezes de guia turístico. Ele também nos incentivou a provar um prato típico, o *döner kebab*, um grelhado de carne de carneiro e vitela feito num espeto gigante que fica girando ao fogo e é servido com salada verde e um delicioso *pilav* – arroz cozido com manteiga e ervas ou caldos, o que lhe dá uma textura peculiar.

Hayal, cujo nome significa "sonho" em turco, fez questão de frisar que de todos aqueles deuses o que mais o impressionava era Hércules (chamado de Héracles na mitologia grega) e a lenda das suas inacreditáveis façanhas. Contou que o herói era filho de Zeus com a mortal Alcmena.

A NEOEMPRESA

A deusa Hera, considerada a mulher oficial de Zeus e sempre hostil aos filhos do seu marido com as mortais, tentou matar Hércules desde seu tempo de berço, quando ele chegou a estrangular duas serpentes com as mãos. Mais tarde, ele foi condenado a enfrentar monstros e enormes adversidades que ficaram conhecidas como Os 12 Trabalhos de Hércules: o leão de Nemeia, a hidra de Lerna e o touro de Creta são alguns deles.

– Quando vejo executivos de empresas angustiados com os desafios dos tempos modernos, como me parecem estar, lembro-me dessa lenda – insinuou com certa ironia o rapaz, olhando-nos pelo espelho retrovisor.

O lado leste do Monte Nemrut oferece uma vista fantástica de toda a área e o topo do morro transformou-se em um santuário onde o rei era adorado. Uma espécie de Olimpo, ponto de encontro entre a cultura oriental e a ocidental, lugar ideal para uma peregrinação como a nossa, em busca de novos paradigmas para a vida empresarial. Não fica muito longe do pico do Monte Ararat, local lendário onde supostamente aportou a Arca de Noé, informou Hayal. E a região ainda abriga a alegada origem de nascimento do personagem bíblico Abraão.

Mas antes de chegarmos a Nemrut passamos dois dias na surpreendente Istambul. Palco de diversas civilizações, a exemplo dos impérios Persa, Romano, Bizantino e Otomano, a metrópole situa-se no ponto de encontro entre Europa e Ásia, os dois continentes ligados pelo Estreito de Bósforo, que também serve de canal entre o Mar Negro e o Mar de Mármara. Fomos privilegiados com uma visão panorâmica desses dois mundos quando o avião se aproximava para efetuar o pouso no aeroporto de Ataturk, no lado europeu da cidade.

Ao andar um pouco pelas suas ruas e observar sua extraordinária diversidade, fiquei com a sensação de que Istambul tem o coração na Europa, mas a sua alma é asiática. A cidade tenta ser a síntese racional na esquina desses dois mundos.

PRIMEIRO ATO **A DOR DE MUDAR A FORMA DE PENSAR**

A Istambul moderna é sofisticada, repleta de mesquitas, igrejas, palácios e museus, mas também tem um lado boêmio, como a rua Nevizade, repleta de bares. Ao percorrermos o belo e moderno bairro Nisantasi, na área do ver e ser visto de Istambul, ficamos impressionados com as sofisticadas vitrines exibindo produtos de famosas grifes internacionais e com a beleza e elegância das mulheres, sempre falando aos seus celulares, o que lhes concedia certo toque de modernidade, especialmente se estavam em seus tradicionais trajes muçulmanos.

Já o Grand Bazaar é um paraíso para compradores compulsivos: nos seus labirintos, composto por 58 "ruas", mais de 4 mil lojas, tendas e quiosques, repletas de joias, luminárias, tapetes, roupas e suvenires oferecem de tudo, ou quase tudo, que se queira comprar. Fundado em 1461, o Grand Bazaar é o precursor do moderno conceito de *shopping center*. A pouca distância dali ficam o Bazaar de Especiarias (comidas, doces, frutas, pimentas e ervas de todos os tipos imagináveis) e o Bazaar de Livros, exemplos pioneiros do moderno conceito de *cluster* de negócios e produtos similares. No Grand Bazaar pechinchar é uma arte, as mercadorias não apresentam preço. Fiquei com a impressão de que se um comprador aceitar o valor inicial pedido por um comerciante sem tentar barganhar estará estragando o maior prazer deles: a negociação, uma verdadeira coreografia de gestos e argumentos, em que às vezes o valor pago chega à metade do sugerido inicialmente.

O longo percurso entre Istambul e o Monte Nemrut foi realizado em duas etapas. De Istambul rumamos para Malatya em um voo doméstico que durou cerca de 1h40, partindo do aeroporto Sabiha Gökçen, no lado asiático da metrópole. De Malatya seguimos via terrestre para o Monte Nemrut. Estávamos em cinco: o Presidente, a jovem Gerente Financeira, o Diretor de Logística, o DRH e eu.

A NEOEMPRESA

Enquanto atravessávamos a Turquia em direção ao Leste, passando pela Capadócia e cruzando toda a vasta região da Anatólia, conversamos bastante sobre a história do país, quase tão antiga quanto a da espécie humana. Ou melhor, sobre a sua pré-história: cerca de 600 mil anos antes do surgimento da escrita as primeiras civilizações já habitavam aquela área. Várias escavações trouxeram à luz exemplares das primeiras ferramentas de pedra, revelando a presença da vida primitiva na Anatólia, um dos cenários do que se convencionou chamar de Idade da Pedra.

Um dos berços da Humanidade, a Turquia presenciou o apogeu e a queda de muitos impérios desde os primórdios da civilização hitita e dos lídios. Mais tarde, do ano 350 a.C. até o século XX, foi também palco para as conquistas de líderes que se tornaram protagonistas da História mundial: Alexandre, o Grande, o primeiro a unir as civilizações ocidental e oriental, sempre relembrado pela simbólica batalha contra Dario, o rei Persa, contra quem lutou montado em Bucéfalo, seu famoso cavalo; os imperadores romanos Séptimo Severo e Constantino I; o casal Justiniano e Teodora, que governou o Império Bizantino no seu apogeu, no início do século V; o sultão Mahmet I, que em 1453, ou seja, mais de mil anos depois, fundou o Império Otomano ao libertar Constantinopla dos bizantinos e virar a página do que ficou conhecido como Idade Média; e, mais recentemente, o presidente Ataturk ("pai dos turcos"), que fundou a atual República Turca em 1923, colocando o país na Idade Moderna.

Essa complexa história, plena de momentos de ruptura, parecia emblemática para nossa missão naquela viagem. O grupo demonstrava empolgação diante da possibilidade, que antes soara inviável, de questionar se os conceitos da Administração formulados no início do século XX ainda seriam coerentes com as novas exigências do mundo empresarial pós-moderno.

PRIMEIRO ATO **A DOR DE MUDAR A FORMA DE PENSAR**

Finalmente chegamos à Malatya, onde Hayal nos esperava no aeroporto para nos conduzir ao Monte Nemrut e nos acompanhar durante todos os nossos deslocamentos via terrestre.

No Monte Nemrut, nossa reunião foi realizada sob o abrigo de uma tenda ampla que havia sido montada no lado leste, de onde se tem uma visão privilegiada das esculturas. Ao visualizar a estátua de pedra que representa Zeus, lembrei-me da lenda do "nó górdio" contada por um professor de Mitologia. Ela conta que Zeus, pai dos deuses, decretou que o povo da Frigia deveria escolher como rei a primeira pessoa a guiar uma carruagem até seu templo. O escolhido foi um camponês chamado Górdio. Sem acreditar na sua sorte, o rei recém-coroado dedicou a carruagem a Zeus, amarrando-a a um pilar do templo com um nó bastante difícil de desfazer. Um oráculo, então, profetizou que a pessoa que conseguisse soltar a carruagem daquele nó seria transformada no governante de toda a Ásia. A honra coube a Alexandre, o Grande, que num golpe inusitado cortou as amarras com a sua espada e assim cumpriu a profecia.

Perguntei aos meus companheiros de viagem:

– Quais "nós górdios" da Administração precisam ser desatados para que a nova empresa possa ser inventada?

Combinamos que, caso surgisse uma oportunidade, essa seria uma importante pergunta a ser endereçada aos gurus: Peter Drucker, Frederick Taylor, Henri Fayol, Mary Parker Follett, Max Weber, Abraham Maslow e Igor Ansoff.

O Presidente aproveitou para nos contar que ao fazer o convite aos gurus, por meio de um *post* em uma rede social, alegou a necessidade de dar um passo adiante na Administração. Explicou que os ensinamentos que nos legaram com a obra de cada um, contendo os princípios básicos de gestão, ainda continuam sendo usados na maioria das empresas, porém a realidade tem mudado bastante. Enfatizou que precisamos entender que ideias devemos abandonar e quais novos princípios precisamos adotar:

– Deixei claro que não pretendíamos ouvir o que não disseram nem o que não pensaram. Mas gostaríamos de imaginar o que falariam se estivessem aqui, agora, entre nós – fez questão de realçar.

Todos acabaram concordando em promovermos o encontro no Monte Nemrut pois nenhum de nós jamais estivera lá e a curiosidade falou mais alto que a "zona de conforto" dos locais conhecidos e mais tradicionais.

Eu desconfiava de que havia mais uma explicação para a escolha desse lugar. Enquanto o Presidente narrava os preparativos, fiquei conjecturando o que teria viabilizado esse encontro fantástico. Teria o terremoto no Japão, além de modificar o eixo de rotação da Terra, aberto, também, brechas no espaço e no tempo, criando uma espécie de "túnel do tempo" por onde pessoas de épocas diferentes pudessem passar? Um desses portais – presumi – estaria localizado bem ali no Monte Nemrut, o que teria tornado possível esse encontro improvável com os notáveis teóricos do *Management*.

Logo no primeiro dia "encontramos" com Peter Drucker. Estávamos ansiosos para conversar com ele sobre como lidar com momentos de intensa transição. Mas, antes de ouvi-lo, disparamos a descrever as novas circunstâncias que estão mudando o cenário do mundo empresarial.

O Diretor de Logística lançou-se a contar o terrível impacto do terremoto do Japão, em 2011, sobre o eixo de rotação da Terra e também sobre a economia japonesa, que nos meses imediatos apresentou queda na produção industrial, na fabricação de veículos e na geração de energia. Como Drucker viajava com frequência para a Ásia devido ao seu enorme fascínio pelo Japão, suponho que tenha lamentado o fato.

PRIMEIRO ATO **A DOR DE MUDAR A FORMA DE PENSAR**

Depois, o nosso Presidente relatou as agruras enfrentadas pelos Estados Unidos na gestão da sua colossal dívida externa. Dissemos que nem o pior inimigo deles conseguira fazer o que o próprio sistema de governo norte-americano, uma verdadeira queda de braço entre a Casa Branca e o Congresso, estava causando ao *American way of life*.

A crise em diversos países na Zona do Euro foi outro tema da conversa. Profundo conhecedor da História do Velho Continente e na condição de cidadão europeu – austríaco nascido em Viena, em 1909, que estudou na Alemanha e trabalhou em Londres, para onde se mudou em 1933 –, ele sentira na pele os conflitos mundiais originados na Europa, tendo premonitoriamente imigrado para os Estados Unidos, aos 28 anos, pouco antes de eclodir a Segunda Guerra Mundial. Mais tarde os nazistas queimaram e baniram alguns dos seus primeiros textos.

O nosso DRH discorreu, então, sobre as recentes manifestações no mundo árabe com a crise e queda de regimes que pareciam perpétuos em vários países. Também mencionou a posição peculiar da Turquia: vítima da "miopia da Europa", que não lhe permite o acesso à União Europeia, pleiteado desde 1999, ela se voltou para o Oriente e aspira à condição de líder regional. Próspera, com a economia aberta e um sistema eleitoral democrático num país islâmico, ela oferece um modelo bem-sucedido de modernização ao Oriente Médio. Segundo o historiador escocês Adam Ferguson, a Turquia almeja ser a sede de "um Império Otomano revivido" e parece apta a colher os frutos da "Primavera Árabe" mais rápido do que qualquer outro país.

Todos estávamos inquietos com essa persistente instabilidade no cenário econômico e político mundial. A nossa Gerente Financeira revelou que o maior vendaval em curso no mundo está varrendo a riqueza de um lado do globo para outro. Provavelmente em cerca de duas décadas, o somatório do PIB dos sete países emergentes, o chamado E7 –

Brasil, Rússia, China, Índia, Indonésia, México e Turquia –, será maior que o somatório das economias do chamado G7 – Estados Unidos, Japão, Alemanha, Itália, Reino Unido, França e Canadá. As projeções para 2020 já mostram que o E7 terá um valor equivalente a 90% do G7. Uma década antes, em 2010, o valor do PIB do E7 representava apenas a metade do G7.

A essa altura, Drucker parecia relembrar trechos de uma palestra que proferiu em 1977, na Utah State University, sobre as mudanças estruturais na sociedade e na economia mundial e seus efeitos sobre as empresas norte-americanas, ocasião em que disse: "Ao contrário do que a maioria de nós acredita, o tipo de período dos dias de hoje consiste em uma história antiga e bastante conhecida. Mais ou menos a cada 50 anos, desde que algo que podemos chamar de economia moderna surgiu pela primeira vez em torno de 1700, ocorre uma 'década do vale-tudo', na qual aparentemente não há limite algum para o crescimento (...) e esses períodos um tanto quanto eufóricos são sempre seguidos de uma ressaca bastante intensa em que todos acreditam que o crescimento chegou ao fim para sempre (...) Permitam-me dizer, também, que todos durante cada um desses períodos de ressaca acreditaram que os recursos se esgotariam. Esta é a terceira vez na minha vida que ouço isso e agora não acredito mais nisso".

O grupo concordava com essa visão do movimento pendular da economia, deduzindo que ao vivermos um ciclo devemos nos preparar para o ciclo seguinte. Se o momento é de euforia, os líderes devem programar sua empresa para a fase seguinte, a ressaca. E, se os momentos são de crise, não devemos submergir, e sim aproveitar a oportunidade para a próxima etapa de crescimento. Porém, pensei comigo, essa transferência de riqueza e de poder que presenciamos atualmente parece ser muito diferente da crise conjuntural presenciada por Drucker em 1977.

PRIMEIRO ATO **A DOR DE MUDAR A FORMA DE PENSAR**

— Parece que estamos vivendo uma mudança no eixo de rotação do mundo econômico semelhante ao que aconteceu com o eixo de rotação da Terra após o terremoto de 2011 no Japão — arrisquei, com certo receio reverencial, afinal estava diante do maior pensador sobre negócios de todos os tempos, amplamente consagrado pelas aulas e palestras que viraram ícones do pensamento gerencial e pelos 39 livros que escreveu.

— E daí? Sua empresa está pensando em redirecionar seus investimentos e aumentar sua penetração nesses possíveis mercados do E7 ou vai continuar insistindo em investir nos mercados tradicionais do G7?

Pressentindo essa possível pergunta, o Presidente se antecipou:

— Vou recomendar à matriz da empresa que analise melhor as oportunidades na Indonésia, no México e aqui na Turquia em vez de ficar focada apenas nos tradicionais mercados de consumo norte-americano e europeu — afirmou com um brilho de sabedoria no olhar.

Retomei o meu raciocínio, dizendo que está em curso uma transformação muito mais ampla: a crise financeira produziu uma insatisfação com o modelo capitalista que desembocou no movimento "ocupe Wall Street", da mesma forma que a derrubada de ditadores no mundo árabe expressou a desilusão com sistemas políticos repressivos. Se somarmos isso ao esgotamento ambiental e às respostas da natureza às sucessivas agressões, chegaremos a uma auspiciosa conclusão:

— O mundo está em transe — anunciei. — Atravessa uma mudança no sistema de valores, um rompimento com o antigo modo de pensar que repercute nas ruas e nas empresas. A rotatividade das pessoas é um sinal claro. Vivemos algo comparável ao movimento que tomou conta de Paris em maio de 1968 e ao lendário festival de Woodstock, em 1969, dois símbolos da Contracultura. A diferença é que agora o ativismo migrou para os meios digitais: o instrumento para divulgar causas e reunir multidões é a tecnologia. A semelhança é que estamos testemunhando o despertar de uma nova consciência global.

Terminei minha explanação de modo tão inflamado que meus colegas me olharam com ar de estranheza, sem nada comentar. O Diretor de RH veio em meu socorro, confirmando que todas as mudanças em curso estão exigindo a reconfiguração do mundo empresarial.

Depois, recordou a todos, visivelmente emocionado, que no final dos anos 1950 Drucker previu algumas dessas transformações. Drucker cunhou o termo "trabalhador do conhecimento" (*knowledge worker*), sendo o primeiro arauto de uma nova era na qual um número sem precedentes de pessoas passaria a usar mais o cérebro do que os braços. A terminologia da época era "mão de obra" quando alguém se referia à força de trabalho.

Relembramos, então, que numa palestra em Paris, no International Management Congress, em 1957, Drucker verbalizou pela primeira vez em público sua percepção de que o conhecimento suplantaria a terra, a mão de obra e o capital como o fator mais importante da produção. E repetiu aquela que seria uma das maiores profecias no mundo do trabalho e da vida empresarial:

– A força de trabalho está rapidamente passando de composta principalmente de trabalhadores braçais, sejam eles qualificados ou não, para ser em grande parte composta de pessoas **que trabalham com base no conhecimento**.

Olhei para a estátua de pedra calcária que representa Zeus ao lado esquerdo do semicírculo que formávamos. Cheguei a imaginar Drucker desatando um enorme nó górdio por meio da sua visão inusitada e precoce de que a sociedade do conhecimento substituiria a forma tradicional de trabalho.

Ao lado da globalização e da digitalização, essa visão constituiu uma das principais megatendências que se confirmaram a partir da

PRIMEIRO ATO **A DOR DE MUDAR A FORMA DE PENSAR**

década de 1990, causando grande impacto no negócio de diversas empresas e na vida de bilhões de pessoas em vários países.

Esse tema das megatendências para o futuro atraiu minha atenção. Perguntei quais eram as principais mudanças no horizonte nos próximos anos.

A jovem gerente relembrou o conteúdo de outra palestra proferida por Drucker em 1977, em que ele disse: "Devo dizer que a mudança estrutural mais importante é algo a que muito poucas pessoas prestam atenção – a grande mudança populacional".

Aproveitei aquele "gancho" e disparei:

– Existem algumas novas circunstâncias que certamente afetarão o rumo das empresas. Precisamos preparar nossos líderes para o futuro, para os novos desafios que ainda nem conhecemos – e comentei sobre algumas megatendências:

– A primeira será, como já havia salientado o Professor, a mudança demográfica no mundo. O crescimento, a maior urbanização e o envelhecimento da população mundial terão impactos significativos. O ano de 2011 será lembrado por ter atingido a marca dos 7 bilhões de habitantes no planeta. Em 2030, ultrapassaremos os 8 bilhões. Destes, cerca de 2 bilhões terão mais de 65 anos de idade.

A pergunta inevitável nem precisou ser verbalizada: a empresa está pensando em produtos ou serviços para esse nicho de consumidores?

– As empresas precisam compreender em profundidade as necessidades, os sonhos e as expectativas desses consumidores que apreciam serviços e produtos fáceis de usar. Não gostam de produtos marcados para "idosos" nem para a "terceira idade", mas estão atentos aos atributos de simplicidade, segurança e qualidade do atendimento.

Nosso Diretor de RH desviou o olhar, pois sempre defendeu posições contrárias a fabricar e distribuir produtos a esses consumidores, alegando que "velho só usa dinheiro para remédios e para turismo da terceira idade".

– Os sessentões precisam ser encarados, não apenas como consumidores, mas também como força de trabalho. As empresas precisam ajustar suas estruturas, políticas, diretrizes e processos para aproveitar melhor o conhecimento dos mais experientes. Ainda hoje, o limite máximo para aposentadoria é aos 62 anos, uma típica ortodoxia do tempo industrial em que se pensava em mão de obra quando a força física era um atributo importante na qualificação de um trabalhador. Sempre acreditei que "sabedoria não se aposenta". Além disso, é importante considerarmos que 60% viverão em centros urbanos, num processo impressionante de concentração populacional em megacidades, megarregiões e megacorredores.

A segunda grande tendência é o que podemos chamar de *smart* tudo: soluções tecnológicas inteligentes combinadas com atributos de eficientização de energia. Daí resultarão produtos e tecnologias *smart*: além de prédios inteligentes como já conhecemos, materiais e sistemas de transporte inteligentes. O conceito será o novo "verde" na economia e poderá ser aplicado à medicina, à segurança e a muitas outras áreas.

A terceira macrotendência é a economia verde em ascensão. Cada vez mais serão privilegiados produtos e negócios sustentáveis em detrimento dos convencionais. Isso facilitará, inclusive, o acesso ao capital, pois está se tornando um critério importante adotado por bancos e fundos de investimento para financiamentos e governos ao estabelecer incentivos fiscais.

A quarta grande tendência deriva da anterior, mais especificamente da busca por combustíveis renováveis: a mobilidade com transportes elétricos, que terá grande impacto sobre a indústria automobilística. Cerca de 40 milhões de veículos elétricos de duas ou quatro rodas deverão ser vendidos anualmente no mundo a partir de 2020.

PRIMEIRO ATO **A DOR DE MUDAR A FORMA DE PENSAR**

E como isso afeta os negócios? Era a outra pergunta que, mesmo sem ter sido pronunciada, parecia não querer calar.

Nosso Presidente demonstrou certo incômodo, pois insistia em argumentar que essa tendência estava muito longe e que tinha outras prioridades para se preocupar em vez de ficar especulando como eventuais carros movidos à eletricidade poderiam afetar a empresa em curto prazo.

Sugeri conversarmos a respeito do impacto que outras macrotendências poderiam ter sobre o nosso negócio.

Então lembrei os meus colegas das ideias do professor indiano C. K. Prahalad, cujo trabalho na Universidade de Michigan, nos Estados Unidos, na década de 1990, já havia dado enorme contribuição ao pensamento estratégico ao chamar a atenção para a necessidade de "competir pelo futuro". Para ele, a invenção de uma nova empresa começa com uma visão dos desafios e circunstâncias que enfrentaremos no futuro e não com as respostas aos desafios que enfrentamos hoje. Comentei, ainda, sobre o seu trabalho a respeito dos consumidores de baixa renda, que ele chamou de "base da pirâmide". Esse conceito concorreu para transformá-lo em celebridade no mundo empresarial.

O pensamento indiano de Prahalad - como são conhecidas as suas "profecias econômicas" - é fruto da sua convicção de que as empresas e as instituições financeiras ainda não aprenderam a vender à população de baixa renda. Cerca de 4 bilhões de pessoas dispõem de recursos econômicos escassos, isto é, 60% da população mundial é pobre. As grandes empresas "sempre disseram que esse não era seu mercado", concentrando-se nos 30% ou 40% restantes. Portanto, "o passo seguinte consiste em descobrir como converter os pobres em consumidores e introduzi-los no mercado global", já que existe uma ideia (sem fundamento!) de que vender a quem dispõe de poucos recursos não é rentável.

— De fato, grandes companhias como a nossa insistem em negligenciar um mercado que representa cerca de 60% a 70% da população mundial. Isso porque nos deixamos levar pela ideia equivocada de que falta de recursos é sinônimo de baixa rentabilidade – declarou, inconformado, o nosso Presidente.

Também lembrei de uma entrevista em que Prahalad afirmou que a criação de um novo modelo de negócio, como os cartões pré-pagos no segmento de telefonia celular, jogou por terra a crença de que os pobres não constituem um mercado por não terem dinheiro para gastar: eles se converteram em consumidores efetivos. "Temos de estar conscientes da existência de limitações sempre que deparamos com as oportunidades e as ameaças criadas pelas lentes através das quais enxergamos a Administração. O importante é reconhecer tais tendências e mudá-las", alertou certa feita. "A *linha do esquecimento* consiste, portanto, em aprender a esquecer o jeito antigo de fazer as coisas."

Ah! Respirei fundo. Ali estava um belo exemplo de uma das ideias mortas que ando catalogando, das certezas estabelecidas que precisamos desbancar, pois acabam aprisionando nossas estratégias e decisões.

— E então? – o Presidente se dirigiu a mim, perguntando de forma provocadora. – Você e sua equipe já aprenderam a lidar com essa enorme "riqueza" na base da pirâmide?

Engoli em seco, tentando manter a calma, e respondi que ainda estamos desnorteados diante de um enorme volume de NeoConsumidores, que não conhecemos com o nível de profundidade que seria desejável. No Brasil, por exemplo, a maior parte do consumo atual está alimentada pela decisão política de conceder créditos à população de baixa renda, nas mãos das chamadas classes C e D. As empresas não estavam preparadas para essa demanda. A Classe C está ansiosa por consumir bens duráveis, como eletrodomésticos, eletrônicos em geral, automóveis, móveis, motos. Quer uma casa melhor e deseja viajar. Ao mesmo tempo, a Classe D ainda está focada no consumo de bens não duráveis, como alimentos e cosméticos.

Essa demanda da base da pirâmide faz o Brasil ser o segundo maior produtor do mundo de biscoitos, o segundo em rações para animais de estimação, o terceiro em cosméticos e o quarto em microcomputadores, chocolates e pares de sapatos (são 430 milhões de pares por ano). O Brasil é o quinto produtor de veículos leves, o sexto em *software* e o oitavo fabricante mundial de medicamentos.

Essas estatísticas poderão se tornar obsoletas em poucos anos, mas por ora indicam a pujança da economia como consequência dos novos consumidores com diferentes sonhos, exigências, expectativas, desejos, padrões de compra e consumo. Como atendê-los?

Aproveitei a breve pausa que se seguiu para preparar um e-mail para o Gerente de Vendas, membro da minha equipe, perguntando o que poderia ser feito para atingir esses novos consumidores.

Se estivesse entre nós, provavelmente Prahalad insinuaria que apenas poucas empresas, mais exceções que a regra, prepararam-se para atender a esse nicho de mercado. Ou seja, no passado as empresas focaram mais nos consumidores das classes A e B e no mundo de clientes das grandes companhias. Agora precisam aprender a gerar o que podemos chamar de "valor para muitos", ou seja, atuar em um universo muito maior de clientes e gerar valor para multidões de consumidores.

Notamos, então, o desconforto do Diretor de Logística, que já havia dito em outras ocasiões e em tom jocoso que, "assim como existem o B2B (*business to business*) e o B2C (*business to consumer*), agora estavam inventando o B2P (*business to* pobre)".

A Gerente Financeira, que se sentiu nitidamente revoltada com essa postura e já previa os comentários preconceituosos e inoportunos que nosso colega poderia fazer durante nossa viagem, passou-me um bilhete no qual escrevera: "Precisamos conversar sobre as atitudes e crenças do nosso amigo".

– Como se servir à base da pirâmide já não fosse um desafio e tanto, um enorme contingente de jovens está entrando nas empresas – pontuou o DRH. – Os elevadores corporativos estão superlotados dos membros da chamada Geração Y, numa quantidade muito maior do que a atual geração no poder esperava e numa velocidade bem acima do que ela desejava. Essas pessoas têm estilos, desejos, sonhos e valores muito diferentes. Pertencem a diversas tribos e nichos, por isso é preciso cuidado para não estereotipá-las em categorias genéricas.

O DRH mencionou uma recente pesquisa realizada pela empresa Cia. dos Talentos com cerca de 40 mil jovens para identificar quais as suas empresas dos sonhos para trabalhar. Os resultados foram surpreendentes. Esses jovens talentos estão exigindo um tratamento customizado com os seus chefes, esperam que a expressão da sua individualidade seja um traço presente nas suas relações de trabalho. Também estão atentos ao que chamam de "jeito de ser" das empresas e querem ter certeza de que o seu próprio jeito de ser seja compatível com o jeito de ser delas.

Drucker parecia relembrar o estalo que teve durante uma aula na Cambridge University com ninguém menos do que o economista John Maynard Keynes: "De repente percebi que Keynes e todos os brilhantes alunos de Economia na sala estavam interessados no comportamento das *commodities*, enquanto eu estava interessado no comportamento das pessoas".

O famoso economista tinha publicado em 1936 o livro *The General Theory of Employment, Interest and Money*, escrito em tom controverso como uma batalha para escapar dos modos habituais de pensamento herdados dos seus antecessores clássicos. Assim, ele criou uma escola

PRIMEIRO ATO **A DOR DE MUDAR A FORMA DE PENSAR**

de pensamento que se tornou um novo paradigma para enfrentar a Grande Depressão.

— Sim, é isso o que os jovens continuam exigindo agora, várias décadas depois da sua percepção — respondeu nosso DRH, curvando-se mais uma vez à sabedoria do mestre.

O raciocínio foi complementado pela nossa representante da inteligência feminina, a Gerente Financeira:

— A maior mudança, a verdadeira fenda no eixo de rotação da vida empresarial no que diz respeito à gestão de pessoas, vem do novo epicentro do poder: não são apenas as empresas que escolhem os talentos para trabalhar. Agora, são as pessoas que também escolhem as empresas, num clima mais ou menos assim: "Tenho opções, vou verificar se essa empresa me merece!"

Esse assunto foi bastante discutido e ficou no ar uma ressalva: essa pode ser uma tendência em economias em expansão, pois em momentos de crise ou em países com taxa alta de desemprego essa equação ainda pode pender mais para o lado do empregador.

A jovem gerente alertou que a Geração Y deve ser percebida sob a ótica, não apenas da força de trabalho, mas também como clientes potenciais, o consumidor Y. As empresas deveriam criar estratégias específicas para esse nicho de mercado.

C. K. Prahalad possivelmente se orgulharia desse comentário.

Procurei, então, resumir a conversa que mantivemos durante a viagem, quando listamos as novas circunstâncias que ocorrem simultaneamente no mundo empresarial. Está havendo uma migração do foco industrial para o de serviços, do produto para o cliente, do analógico para o digital, do padronizado para o personalizado, da produção em massa para a customização, do fixo para o móvel, do previsível para o volátil, da mesmice para a diversidade, do físico para o virtual, do institucional e genérico para a individualidade, da indiferença social para a cidadania. E, principalmente, do mundo tangível para o intangível.

A mais importante de todas as novas circunstâncias – a mudança da Era do Tangível para a Era do Intangível – seria discutida no dia seguinte, aproveitando a "presença", no nosso improvável encontro, de outro convidado, o professor Igor Ansoff, considerado o pai do conceito de Estratégia Empresarial.

Já comecei a imaginá-lo formulando ideias sobre a Estratégia na Era do Intangível e como a gestão dos intangíveis afetaria a estratégia contemporânea.

O que ninguém ousou falar na hora é que a reflexão sobre estratégia poderia desembocar na pergunta que mais temíamos: "Se não estivessem nesse negócio, vocês entrariam nele hoje?" E ela parecia trazer consigo outra questão ainda mais perturbadora: "Se a sua empresa não existisse, que falta faria?"

Finalmente, lembrei-me das cinco perguntas – simples, porém essenciais e relevantes – que Drucker gostava de sugerir que os dirigentes de empresas e organizações não lucrativas fizessem a si mesmos:

- Qual é a nossa missão?
- Quem é o nosso cliente?
- O que nosso cliente valoriza?
- Quais são os nossos resultados?
- Qual é o nosso plano?

Certa feita, ele afirmou: "... as respostas são importantes, você precisa de respostas porque precisa de ação. Mas a coisa mais importante é fazer essas perguntas".

PRIMEIRO ATO **A DOR DE MUDAR A FORMA DE PENSAR**

Pois bem, as circunstâncias mudaram, vivemos um novo cenário, mas as perguntas de Drucker continuam essenciais porque são eternas.

Imaginei apenas que, em vez de perguntar "Qual a sua missão?", a questão poderia ser "Qual a sua Causa?" ou "Qual o Propósito Comum?", pois as pessoas estão em busca de um propósito que traga significado para suas vidas. Ou, como bem provoca o renomado filósofo Mario Sergio Cortella, em seu livro homônimo: *Qual a sua Obra?*

Intrigados com aquelas questões, pedimos um *çai*, o típico chá turco quente, para brindar, numa troca de olhares e leves gestos, pela extraordinária experiência desse encontro. O pôr do sol já anunciava o final do dia, como se nos sinalizasse que seria sábio relaxar um pouco.

CAPÍTULO 2 **A ERA DO INTANGÍVEL**

Dois mais dois é igual a cinco, na matemática peculiar de um dos expoentes do *Management*, o professor Igor Ansoff. A "fórmula" numérica (2 + 2 = 5) foi usada em uma de suas aulas sobre Estratégia Empresarial para explicar o conceito de *Sinergia*, criado por ele com o propósito de mostrar que duas entidades juntas valem mais do que a soma das duas separadas.

Desde o primeiro momento em que ouvi essa ideia, senti um reforço na minha tese de que esforços coordenados no trabalho produzem muito mais do que resultados tangíveis.

De origem russa – Ansoff nasceu em 1918, em Vladisvotok –, ele emigrou ainda jovem para os Estados Unidos, onde se formou como engenheiro mecânico e físico. Trabalhou na Rand Corporation e depois foi o Vice-Presidente da Lockheed, conhecida empresa aeroespacial.

Considerado o pai do conceito de Estratégia Empresarial, que estampou como título do seu livro seminal nessa disciplina, publicado em 1965, Ansoff lecionou no Carnegie Institute of Technology, em Pittsburgh. No início da década de 1970, assumiu o cargo de reitor da Graduate School of Management na Vanderbilt University, em Nashville, Tennessee, onde montou um currículo pioneiro e inovador para formar "agentes de mudança", muito diferente dos tradicionais cursos de graduação, típicos das escolas de Administração, especializados em áreas funcionais.

Ansoff deflagrou uma nova forma de pensar sobre o tema da competitividade ao questionar o tradicional conceito de "vantagem comparativa". O professor também desenvolveu várias ferramentas de monitoramento das ameaças e oportunidades no cenário externo, além de uma conhecida matriz para analisar possibilidades de diversificação de produtos e mercados.

Convidamos o Professor, que "chegara" bem cedo naquela manhã, para nos acompanhar até o Centro Arqueológico de Gaziantep, região próxima à fronteira com a Síria, que abriga uma impressionante coleção de mosaicos romanos. No caminho, nosso motorista, Hayal, fez uma parada para que pudéssemos caminhar na bela região dos lagos situada no sopé da cidadela, perto da qual fica a caverna onde os fiéis acreditam ter sido o local de nascimento de Abraão.

Durante o passeio, o Presidente fez um sumário de nossa conversa do dia anterior, enquanto provávamos diversos tipos de *baklavas*, doces folheados típicos da região, acompanhados de *lokum*, pequenos cubos de pistache e amêndoas, enrolados em uma pasta de baunilha que lhes dá uma consistência singular, meio puxa-puxa, e cobertos de açúcar.

Além do sabor peculiar dos doces, eu estava encantado com a sonoridade das palavras em turco: a harmonia das vogais, a sílaba tônica em geral na sílaba final, o uso generalizado de sufixos, formando palavras enormes. Soube que uma brincadeira comum é citar a mais longa palavra turca. Uma candidata é *Bayramla amadıklarımız*, que apareceu no título de um obituário de jornal para se referir "àqueles dentre nós com os quais não poderemos trocar votos de bom ano-novo". *Bayram* é o termo turco usado para designar feriados e festas nacionais, como as celebrações de fim de ano.

A NEOEMPRESA

Quando alcançamos o nosso destino, uma sala de reuniões improvisada num antigo prédio próximo ao centro arqueológico, o Presidente tomou a palavra e foi logo dizendo que estávamos repletos de perguntas:

- Como criar valor de forma sustentável em um mundo com oferta abundante de produtos e serviços muito semelhantes entre si?
- Qual a importância do fator confiança, da gestão da marca, da Cultura Organizacional, da Gestão da Inovação, dos relacionamentos com as diferentes partes interessadas em uma organização?
- Qual a relevância dos fatores intangíveis para a criação de valor?
- Como preparar os dirigentes de uma empresa para a gestão dos intangíveis?
- Como formular estratégias na Era do Intangível?

O silêncio tomou conta do ambiente. Olhávamos para Drucker e Ansoff, aqueles dois monstros sagrados do *Management*, na esperança de que trouxessem a solução para os problemas que enfrentávamos na empresa. Mas nesse exato momento tive a consciência de que, se insistíssemos com esse tipo de perguntas, esse encontro inverossímil produziria um resultado completamente diferente de nossas expectativas iniciais. Repetia mentalmente: "Não pretendíamos ouvir o que não disseram nem o que não pensaram. Pretendíamos 'apenas' imaginar o que eles pensariam se estivessem entre nós agora".

Igor Ansoff, como se quisesse quebrar o gelo, em vez de respostas e explicações, trouxe novas perguntas sobre as novas circunstâncias nas quais vivemos.

Aliviado, aproveitei para argumentar que, desde a década de 1950, temos procurado formar gestores e líderes com foco na gestão dos tangíveis como uma decorrência natural da visão fragmentada dos departamentos funcionais. Assim, buscamos capacitar especialistas. Desde aquela época, as competências valorizadas têm sido a gestão de capital e de estoques, máquinas e equipamentos, canais de distribuição, pontos de venda, bens e produtos, móveis, instalações, logística, processos produtivos, insumos e matérias-primas, instalações, enfim...

Desse modo, no passado, o valor de uma empresa era, *grosso modo*, 80% dos ativos tangíveis e apenas cerca de 20% dos intangíveis, como a marca, por exemplo. A ênfase na gestão dos tangíveis refletia os desafios típicos da Era Industrial e do foco no produto que caracterizaram o século XX. A tendência é que essa porcentagem se inverta no futuro e os intangíveis passem a ter um valor superior aos tangíveis.

— Infelizmente, a maioria das empresas ainda insiste em privilegiar de forma quase que exclusiva a gestão dos tangíveis — alfinetou a Gerente Financeira.

— Mas agora que as circunstâncias mudaram tanto, conforme a avaliação feita por vocês, quais são os novos fatores de competitividade? — pareciam querer perguntar os dois gurus.

Apressei-me, então, em enumerar os fatores intangíveis que são responsáveis pelo sucesso de uma empresa no mundo moderno: acessibilidade virtual; capital relacional em redes; Gestão da Marca; Qualidade dos Relacionamentos com os atores envolvidos no processo de Criação de Valor — Acionistas, Clientes, Distribuidores, Fornecedores, Prestadores de Serviços e Terceirizados, Comunidades e a Sociedade em geral, Colaboradores, Parceiros e Investidores — Gestão da Imagem e Reputação, Clima Organizacional, Confiança interna e das partes interessadas na empresa, Gestão da Inovação, Capital Intelectual, Capital Liderança, Cultura Organizacional, Influência na Criação de Políticas Públicas que afetam o negócio, entre outros.

Aí, com a curiosidade que caracteriza os grandes pensadores, nossos ilustres convidados deram a entender que gostariam de nos ouvir sobre os fatores que estimulam a valorização dos intangíveis a ponto de os transformá-los em diferenciais nas empresas.

A Gerente Financeira dissertou sobre a forte tendência de comoditização de produtos e serviços e como isso tem criado dificuldades para a atração, a conquista e a fidelização de clientes em vários negócios:

– Os produtos têm ficado cada vez mais parecidos; a diferenciação entre eles é cada vez menos evidente. O diferencial existe, não no produto em si, mas na percepção do cliente, na experiência que vivencia quando toma a decisão de compra, na hora da aquisição ou quando vai utilizar o produto ou serviço.

Nesse momento, o Presidente declarou:

– Assim como a gestão dos tangíveis foi a essência do *Management* do século XX, **a gestão dos intangíveis é a alma da nova Era do *Management* do século XXI!**

Houve um silêncio de reflexão. O grupo parecia questionar se realmente se trata de uma coisa ou de outra. Seria o caso de fazer uma escolha simplista entre o tangível e o intangível?

Estava ficando nítida a necessidade de valorizar o intangível. Embora o tangível não seja mais suficiente, continua necessário para a competitividade. Concluímos que o diferencial da competitividade das empresas vitoriosas reside em ambos, uma espécie de combinação dos fatores tangíveis e intangíveis. Em suma: a chave da competitividade não está **apenas** no tangível, como no passado, mas **também** nos intangíveis. E cada vez mais no futuro estará no uso dos intangíveis para fazer a diferença nos fatores tangíveis.

Tentando esclarecer ainda mais a questão, alguém sugeriu que o diferencial dos profissionais de sucesso está também nos intangíveis, mas não apenas neles. Mesmo porque não adianta o indivíduo ser bom de relacionamento e inspirar confiança se não souber o básico da gestão do negócio em si. "Tangível e intangível têm de andar de mãos dadas", pensei com meus botões.

Ansoff parecia estar ouvindo o que eu não disse, mas eu também tive a impressão de que ele procurava uma fórmula semelhante à criada para expressar o conceito de Sinergia.

O nosso Diretor de Logística foi mais rápido:

– Lembram-se da explicação do conceito de Sinergia por meio da fórmula "2 + 2 = 5"? O ponto com que todos estamos concordando aqui é que "T + I = SD", ou seja, tangível + intangível = sucesso diferenciado.

Essa representação simbólica foi bem recebida por todos.

Aproveitei o clima para lançar uma frase de efeito:

– O que fideliza o cliente é aquilo que ele não pega nem vê, mas sente. – E aí desatei a mencionar uma série de aspectos intangíveis que os clientes valorizam, como flexibilidade, personalização, transparência, credibilidade, confiança e cumprimento do prometido.

Todos, quase ao mesmo tempo, pediram para repetir a frase. Refletimos um pouco, mas alguns manifestaram, mais uma vez, surpresa com a ênfase atribuída ao intangível. Os gurus deviam saber, por estudos publicados e observações próprias, que o cliente não compra apenas o produto físico. No entanto, fiquei com a impressão de que não supunham que esse comportamento dos consumidores teria tanta relevância hoje em dia e podiam imaginar o despreparo das empresas para atendê-los de forma adequada.

O DRH pegou o gancho daquela conversa e foi logo associando o intangível à ideia de liderança:

– Os liderados também aceitam, ou não, a liderança de um chefe por aquilo que ele não vê nem pega, mas sente no relacionamento com seu líder.

Quase foi aplaudido devido à veemência com que falou, colocando o coração em suas palavras.

O Diretor de Logística, em outro lampejo de bom-senso, arriscou um palpite:

– O mesmo acontece na relação com os parceiros. O que não se vê nem pega mas se sente tem um peso crucial na hora de lidar com fornecedores, distribuidores, prestadores de serviços e até mesmo com os terceirizados.

Animados com o rumo da conversa, começamos, então, a nos revezar nos comentários instigantes. Um destacou o impacto da Era dos Intangíveis na Gestão de Clientes:

– Cabe aos líderes garantir que o comportamento dos atendentes da linha de frente traduza e reflita as expectativas dos clientes sobre os atributos de uma marca na hora da decisão, da compra e do uso do produto ou serviço.

Outro explorou as consequências dos fatores intangíveis na Gestão de Pessoas. Falou, por exemplo, das escolhas na hora de recrutar e selecionar pessoas, se devemos enfatizar os aspectos tangíveis (emprego anterior, educação formal, tempo etc.) ou focar no intangível, ou seja, ética, comunicabilidade e atitudes integradoras, entre outros.

Inspirados por esses comentários, formou-se logo um consenso entre os participantes do encontro sobre o impacto da Era dos Intangíveis na educação de executivos.

– Os MBAs correm o risco de ficar tão padronizados que podem virar um produto vulgar. No futuro será preciso oferecer uma espécie de "MBA dos intangíveis" como fator de diferenciação, semelhante à grande inovação promovida por Ansoff ao fugir da mesmice e criar o *Master in Management* para "agentes de mudança" há quase meio século.

PRIMEIRO ATO **A DOR DE MUDAR A FORMA DE PENSAR**

Concordamos, também, que os fatores intangíveis deveriam fazer parte da apuração do valor de uma empresa e integrar de qualquer avaliação prévia na hora de investidores tomarem decisões de compra ou venda ou da valorização econômica.

Visivelmente empolgado, o Presidente manifestou sua opinião:

– A valorização não pode se limitar ao tangível, com alguns poucos fatores intangíveis entrando, notadamente a marca, as patentes, a localização e o fundo de comércio. Precisa haver espaço para fatores como a qualidade das pessoas, o capital liderança, o clima, a cultura, enfim, certas características da empresa que são seu ativo mais diferenciado.

Cada afirmação era recebida com maior exaltação. Até que o DRH se retirou da sala e retornou poucos minutos depois trazendo uma garrafa de vinho e algumas taças.

– Proponho um brinde à Era do Intangível. Esse novo paradigma que buscamos para o renascimento da Administração se acelera a partir do reconhecimento da importância da gestão dos intangíveis nas empresas. Testemunhamos, meus caros, a nova Era do *Management*.

Brindamos e saboreamos um razoável Cabernet Sauvignon, produzido com uvas cultivadas na costa do Mar Egeu, bem perto do local onde Tales de Mileto – conhecido como um dos sete sábios da Antiguidade – previu corretamente, no ano de 580 a.C., um eclipse total do Sol.

Enquanto isso, eu tentava entender o significado do que estávamos fazendo ali e interpretar a agitação que experimentava. A sensação era de estar participando de um daqueles momentos cruciais da História em que ocorrem mudanças extraordinárias. Sim, a História é repleta de momentos de guinadas, algumas bruscas, em que novas circunstâncias reconfiguram o modo como vivemos e ficamos atordoados. Exatamente como agora.

De repente lá estava eu elaborando mais uma de minhas listas mentais, dessa vez de alguns grandes momentos históricos que assinalaram a mudança de um paradigma.

Grandes mudanças na história

UM DOS PRIMEIROS GRANDES acontecimentos de que me recordei foi, coincidentemente, a transferência da sede do Império Romano para Constantinopla – o nome pelo qual Istambul era conhecida na época. A mudança ocorreu no ano de 324 d.C., por iniciativa do jovem imperador Constantino, que se convertera ao catolicismo em 312 d.C. Esse fato determinou o fim do apogeu de Roma, que dominara a civilização ocidental por mais de cinco séculos, marcando o término da Antiguidade e o início da Idade Média.

Foi uma mudança e tanto. Pode-se dizer que o Império Bizantino construiu a ponte entre a Antiguidade e o mundo moderno. Sem ele as obras de Homero, Platão, Aristóteles e Sófocles talvez nem chegassem ao nosso conhecimento. Bizâncio inspirou a Renascença Italiana, a Idade de Ouro Islâmica do Império Otomano e o Cristianismo Ortodoxo Russo. Graças à sua localização estratégica, Constantinopla tornou-se um privilegiado entreposto comercial nas rotas que ligavam a Europa ao Oriente e um efervescente centro cultural até ser conquistada pelos otomanos em 1453.

A queda de Constantinopla também causou outra notável convergência de eventos de grande influência na história. Com o início do poderoso Império Otomano, cerca de 1500 grupos de artistas e intelectuais educados na cultura greco-romana decidiram fugir de Constantinopla e criaram as condições para que a arte e a arquitetura florescessem principalmente no centro e no norte da Itália e na Holanda, originando o movimento batizado de Renascença ou Renascimento.

PRIMEIRO ATO **A DOR DE MUDAR A FORMA DE PENSAR**

Como o acesso às rotas tradicionais da seda e das especiarias do Oriente ficou difícil de ser percorrido, ondas de navegadores zarparam dos portos de Portugal e Espanha, na costa do Atlântico, descobrindo o Novo Mundo e outro caminho para as Índias, em viagens consideradas um dos acontecimentos mais importantes da História. Enquanto isso, a Reforma Protestante tomava conta de todo o norte da Alemanha, promovida pelo ex-sacerdote Martinho Lutero, e a prensa de Gutenberg era inventada em Mainz, na Alemanha, contribuindo para difundir conhecimentos de forma sem precedentes.

Como se não bastasse, a ciência fervilhava na Europa. Por volta de 1510, o estudioso polonês Nicolau Copérnico levantou a tese de que o Sol – e não a Terra como se acreditava até então – era o centro do universo, logo após Colombo e suas viagens de descobrimento terem ampliado o mapa do mundo. Algumas décadas depois, Galileu Galilei também mapeou novos mundos. Com sua luneta, ele inspecionou a Lua, o céu, as estrelas e chegou à mesma conclusão de Copérnico: a Terra não era o centro do universo. A ousada visão heliocêntrica – o Sol como o centro – foi uma mudança e tanto de paradigma. Quase custou a vida de Galileu, que foi excomungado e obrigado a desmentir publicamente a tese. Mas ela já tinha ganhado domínio público.

"Foi como se, em uma encruzilhada, praticamente por acaso, acontecessem encontros extraordinários entre navegadores, pintores, sacerdotes, professores e cientistas", comparou o historiador e professor da Universidade de Harvard, Geoffrey Blaney, no livro *Uma Breve História do Mundo*.

No fim do século XVIII, outros acontecimentos imprevisíveis e simultâneos possibilitaram um novo momento de virada. O domínio da tecnologia desencadeou uma revolução na Inglaterra. No norte do país, foram surgindo cidades repletas de máquinas engenhosas que fiavam e teciam lã ou algodão, movidas pela queima do carvão. E assim um modo de vida que aparecera cerca de 10 mil anos antes e se espalhara por praticamente todo o globo, a agricultura, estava em via de ser suplantado. As cidades industriais se tornaram o símbolo da nova era.

Por sua vez, o século XX foi moldado por outro paradigma: o fortalecimento da América do Norte e a crescente desunião e perda de hegemonia da Europa. De certa forma, esse século "começou" em 1914, com a eclosão da Primeira Guerra Mundial, e "terminou" em 1989, com a queda do muro de Berlim e o consequente colapso da União Soviética. A polaridade entre capitalismo e socialismo, que havia dominado a moderna economia industrial, deu lugar, no final do século, à multipolaridade, com o crescimento dos países emergentes. Por outro lado, a implantação de uma economia mundial cada vez mais integrada, operando além das barreiras das nações, universalizou a crise. Paralelamente, o advento da internet, o *e-commerce* e as redes sociais alteraram comportamentos e o modo como as relações são estabelecidas. Tudo isso trouxe novos desafios para as empresas, que anseiam por soluções inovadoras.

No livro *A Era dos Extremos*, o historiador egípcio e professor da Universidade de Londres Eric Hobsbawn faz uma afirmação sobre o final do século XX que ainda permanece atual neste início de milênio: "Pela primeira vez, tornou-se possível ver como pode ser um mundo em que o passado, inclusive o passado no presente, perdeu seu papel, em que os velhos mapas e cartas que guiavam os seres humanos pela vida individual e coletiva não mais representam a paisagem na qual nos movemos, o mar em que navegamos. Em que não sabemos aonde nos leva, ou mesmo aonde deve levar-nos nossa viagem".

Vivemos, portanto, um tempo em que o passado deixou de iluminar o futuro. O grande desafio é substituir as ideias defasadas que nos guiaram até aqui por um novo repertório que nos conduza a um mundo novo.

PRIMEIRO ATO **A DOR DE MUDAR A FORMA DE PENSAR**

As palavras do historiador egípcio ainda ecoavam na minha mente quando a Gerente Financeira me cutucou, em sinal de aprovação a mais um comentário de Peter Drucker. Ele teria dito, em determinada ocasião, que a última parte do século XX seria reconhecida pelos historiadores como a época em que os indivíduos reassumiram as rédeas dos seus destinos.

Drucker ainda chamou a nossa atenção sobre o nosso grau de autoconhecimento, relembrando um trecho de seu celebrado livro *O Gerente Eficaz*, em que escreveu: "Na fase adulta, já é possível alguém saber se trabalha melhor pela manhã ou à noite. A pessoa sabe se trabalha melhor como membro de uma equipe ou sozinha. Alguns trabalham melhor sob pressão. Outros trabalham melhor quando têm bastante tempo disponível e conseguem terminar a tarefa bem antes do prazo. Alguns são 'leitores' e outros são 'ouvintes'. Cada pessoa sabe tudo isso a respeito de si mesma".

Cada um parecia imerso em profunda reflexão tentando responder às perguntas íntimas formuladas a partir dessa provocação de Drucker. Não falei, mas dei-me as respostas: trabalho melhor pela manhã, funciono melhor sozinho que em equipe, produzo mais sob pressão e sou melhor "leitor" que "ouvinte".

Um misto de introspecção e cansaço tomou conta dos participantes. Percebemos que era chegada a hora de parar e voltar ao hotel. Havia sido um dia cheio. Estávamos esgotados! Não apenas o "quinteto" da empresa, mas também os convidados ilustres.

Decidimos, então, tirar o dia seguinte de folga da conversa com os gurus, que pareciam estar impressionados com a Turquia. Todos desejavam relaxar e explorar um pouco o lugar.

CAPÍTULO 3 **SOPRANDO AS 100 VELINHAS DO *MANAGEMENT***

– O ano de 1911 é um marco para a Administração. Nesse ano, Frederick W. Taylor publicou *Princípios da Administração Científica*, livro pioneiro desse campo do conhecimento. Escrita com o objetivo de responder ao grande desafio da época – obter eficiência operacional nas incipientes instalações industriais, siderúrgicas e minas de carvão da época –, a obra forneceu o pilar para a construção das teorias que sustentam o *Management*.

Era assim que o recém-chegado Professor abria suas explanações sobre a evolução do pensamento gerencial desde sua origem, no início do século XX. Na qualidade de Professor, ex-Diretor de uma conceituada escola de Administração e meu mentor quando eu precisava ouvir a voz de alguém mais experiente, ele logo se prontificou a nos ajudar a entender como se desenvolveu o *Management*, por meio de uma breve análise histórica.

Não poderia escolher um local melhor para relembrar as notáveis aulas desse querido Professor da disciplina Teoria Geral da Administração que a Biblioteca de Celso, construída pelos romanos em Éfeso, uma das maiores cidades em ruínas do mundo ocidental. Aproveitamos o dia

PRIMEIRO ATO **A DOR DE MUDAR A FORMA DE PENSAR**

de "folga" para visitá-la. Para isso, o Presidente resolveu fretar um jatinho executivo que nos levou de Malatya até Izmir em um voo de 1h45. De lá foram alguns quilômetros de carro até Efeso.

Hayal, o motorista que nos acompanhou na viagem, estava deslumbrado com seu primeiro voo. Durante o trajeto nos informou que essa simbólica cidade grega foi erguida em 1000 a.C., mas a que se vê hoje foi fundada no século IV a.C. por Lisímaco, sucessor de Alexandre, o Grande. Sob o domínio romano, a histórica cidade se tornou o ponto mais importante do Mar Egeu, onde os heróis mitológicos de Homero ganharam vida.

A cidade e suas redondezas têm vários pontos de visita obrigatória: a Porta de Hércules, o Templo de Adriano e a modesta casa de pedra onde Maria, mãe de Jesus, teria vivido seus últimos dias, posteriormente transformada em um santuário reverenciado pela peregrinação tanto de cristãos quanto de muçulmanos.

Mas foi a biblioteca o que mais nos impressionou. Construída em 114 d.C., tem na notável fachada de dois andares quatro deusas que ocupam os nichos da frente: Sofia (Sabedoria), Areta (Virtude), Enoia (Intelecto) e Epísteme (Conhecimento).

Ficamos instalados sob algumas árvores na lateral do prédio, que nos protegiam um pouco do sol e da claridade. Ali, nosso Presidente nos incentivou a refletir sobre a evolução do *Management*, na esperança de que essa análise inspirasse um novo olhar, outra compreensão e novas propostas de princípios mais coerentes e mais úteis aos desafios das circunstâncias que ora se apresentavam.

O Professor deu início à sua "aula" afirmando que o ano de 2011 se constituía em um marco para a Administração, não só pelos 100 anos do mais famoso livro de Frederick Taylor, mas também pelo aniversário de 65 anos do livro *The Concept of the Corporation*, publicado por Peter Drucker em 1946, obra seminal do *Management* moderno.

A NEOEMPRESA

Ao longo do século XX, a Administração evoluiu como resultado da modernização da sociedade. Não de forma organizada, mas como um complexo quebra-cabeça em constante movimento, procurou demonstrar o Professor. O corpo de conhecimento nessa área é composto, tal qual a Medicina, por diversas correntes, abordagens e especializações, representando maneiras peculiares de encarar as tarefas, as características e o gerenciamento do trabalho.

Quando surgem novos problemas, desafios ou fatos que alteram a compreensão sobre os fenômenos, a ponto de questionar certezas e crenças, criam-se as condições para um novo salto do conhecimento. Na Medicina, por exemplo, isso aconteceu com o tratamento da gastrite e da úlcera. No início dos anos 1980, a descoberta de que o grande causador dessas doenças era a bactéria *Helicobacter pylori*, e não apenas os alimentos condimentados, as bebidas alcoólicas e o estresse, como se pensava anteriormente, provocou uma mudança de paradigma que tem possibilitado curar essa doença.

A reviravolta partiu de dois médicos australianos, Barry Marshall e Robin Warren. Este último era patologista e mostrou ao jovem colega Marshall uma biópsia da mucosa do estômago de um paciente com úlcera em que localizara a presença da bactéria. Resolveram estudar o assunto e encontraram o mesmo tipo de bactéria na maioria das pessoas com úlcera atendidas no hospital em que trabalhavam. Para testar a hipótese, Warren engoliu uma dose de suas culturas laboratoriais cheias de germes. Três dias depois teve uma crise aguda de gastrite. O quadro foi revertido com antibiótico. Aplicou o mesmo tratamento aos pacientes com úlcera e em algumas semanas o problema estava erradicado.

Os médicos escreveram artigos científicos relatando seu trabalho, mas mesmo assim não conseguiram mudar o protocolo de tratamento da úlcera. Isso só aconteceu em 2005, 20 anos depois do primeiro experimento, quando receberam o Prêmio Nobel de Medicina.

Não só a Medicina tem sido obrigada a rever paradigmas. A Economia também. Apesar da boa reputação conquistada ao longo das últimas cinco décadas do século XX, ela tem sofrido um sério revés nesse início do milênio por sua incapacidade de explicar adequadamente as sucessivas crises do mundo financeiro. O Prêmio Nobel de 2008, Paul Krugman, chegou a afirmar em uma palestra na London School of Economics, em 2009, que a macroeconomia tem sido "espetacularmente sem utilidade, na melhor das hipóteses, e positivamente prejudicial, na pior delas".

As recentes crises colocaram em dúvida duas de suas crenças mais arraigadas: de que os mercados se autorregulariam e de que a inovação financeira seria sempre benéfica. Para sobreviver a esse impasse, os economistas terão de se distanciar das teses aprendidas nas escolas e olhar o mundo em transe como cientistas sociais, atentos ao impacto dos fatores não econômicos sobre o funcionamento do mercado.

Se as teses na Economia são influenciadas pelo movimento pendular entre os ciclos de recessão e expansão, a Administração movimenta-se na lógica do falso dilema entre a eficácia e a eficiência. Ora se enfatiza a eficiência produtiva, com foco quase exclusivo nas operações e nos resultados imediatos, ora a eficácia organizacional, com foco nas pessoas e no retorno mais sustentável ao longo do tempo.

Nesse instante, o Professor foi interrompido pelo Presidente. Para fins didáticos, ele propôs que a evolução do *Management* fosse dividida em fases. O Professor classificou, então, essa história em grandes "ondas" de desenvolvimento, que eu me empenhei em registrar para refletirmos mais a esse respeito depois.

A primeira onda

O CRIADOR DE *PRINCÍPIOS DA ADMINISTRAÇÃO CIENTÍFICA* foi um engenheiro mecânico nascido em 1856, na cidade de Filadélfia, Estados Unidos. Aos 28 anos, Frederick W. Taylor tornou-se o mecânico-chefe de uma siderúrgica de porte, a Midvale Steel Company, depois o diretor-geral da Manufacturing Investment Company. Na virada do século, mudou-se para Nova York a fim de atuar como consultor de engenharia de várias empresas, tendo sido, inclusive, presidente eleito da Associação Americana de Engenheiros, em 1906.

Taylor começou a estudar a natureza do trabalho no meio da década de 1880, tomado de grande idealismo: pretendia libertar o trabalhador das minas e indústrias incipientes do pesado trabalho braçal e da grande carga de ferramentas, proporcionando a ele uma vida mais decente por meio do aumento da sua produtividade no trabalho.

Seu trabalho ia ao encontro de um dos maiores desafios do empresariado da época. Além de precisar de capital para financiar os empreendimentos concebidos a partir da Revolução Industrial, havia a necessidade urgente de maximizar a produtividade dos trabalhadores para garantir retorno nesses investimentos. Como conseguir que as pessoas realizassem as mesmas atividades sempre, de forma repetida, com variações mínimas e eficiência crescente, a um custo menor?

Ao buscar respostas para esses desafios, Taylor se tornou o pai do conceito de produção em massa. Seus experimentos visavam desenvolver uma "tecnologia humana e do trabalho" coerente com os avanços tecnológicos em curso naquele início de século.

Esse engenheiro introduziu a prática da análise dos tempos e movimentos das tarefas individuais para aferir e melhorar a *performance* dos trabalhadores. Depois de identificar os movimentos necessários para cumprir uma tarefa, ele definiu o tempo ideal de realização de cada um deles. Uma rotina quase mecânica que, ironicamente, remete à perfeição dos relógios suíços para medir as 24 horas de cada dia.

Sua crença básica – ainda hoje adotada por alguns líderes – era de que só havia uma maneira eficaz de realizar uma tarefa, cabendo aos gestores planejar e definir essa maneira, supervisionar a execução dos trabalhos (daí o cargo de "supervisor") e recompensar ou punir as pessoas de acordo com o desempenho comparado ao padrão.

A teoria proposta por Taylor foi de certa forma complementada por dois contemporâneos, o engenheiro de minas francês Henri Fayol, que trabalhou durante 30 anos na mineradora Commentry-Fourchambault--Dècazeville, e o advogado e sociólogo alemão Max Weber. A diferença é que a ênfase de ambos estava na estrutura da organização do trabalho, enquanto Taylor priorizava a tarefa em si.

O francês definiu as funções básicas do gestor, o conhecido POCCC: Planejar, Organizar, Comandar, Coordenar e Controlar. Foi, assim, um dos primeiros pensadores a ressaltar as qualidades da liderança. Ocupando o cargo de diretor-geral, ele salvou a metalúrgica de uma falência e garantiu credibilidade para suas ideias. Ainda hoje predomina a divisão em áreas funcionais para organizar o trabalho proposta no seu livro *Administração Geral e Industrial*, publicado em 1916: produção, comercial, financeira, contabilidade, gestão e administrativa, e segurança.

Já o alemão considerava eficiente o modelo organizacional caracterizado por regras rígidas e por sistemas de controle e de hierarquias. Ele estudou e aperfeiçoou o que ficou conhecido como *burocracia* – entendida como uma solução organizacional para evitar a arbitrariedade, o confronto e os abusos do poder.

Tentei interpretar o sumário do que fora apresentado até aquele momento: a maioria das empresas atuais ainda é guiada por ideias que surgiram em 1911 ou em 1916. E muitos líderes ainda se inspiram na crença básica de Taylor ("planejar, supervisionar e recompensar ou punir") e na organização do trabalho em departamentos funcionais definida por Fayol.

— Eu não fazia a mínima ideia de que a palavra "burocracia" tinha esse significado — murmurou o Diretor de Logística. A Gerente Financeira e eu olhamos para ele com certo ar de desaprovação. O Presidente saiu em sua defesa:

— Não se preocupe, muita gente também não sabe.

— Weber procurou, assim, formatar uma filosofia gerencial com base em princípios morais, desenvolvendo uma teoria que correlacionava a perspectiva da ética protestante às práticas de sucesso do capitalismo incipiente — esclareceu o Professor. — Seu livro *A Ética Protestante e o Espírito do Capitalismo* é uma obra pioneira no estudo dos valores e da Cultura Organizacional.

As décadas iniciais do século XX também foram dominadas por crenças sobre a natureza do ser humano. Entre os economistas clássicos era bastante difundida a visão do *Homo Economicus*, segundo a qual o ser humano é previsível, egoísta, utilitarista e movido a incentivos monetários. Princípios orientadores regiam o universo empresarial: divisão do trabalho, produção em massa, especialização de tarefas e hierarquia com clara distribuição de autoridade e responsabilidade.

Esse conjunto de ideias ajudou a consolidar a **primeira onda** da doutrina gerencial, que enfatizou a eficiência produtiva, a estrutura organizacional e a impessoalidade nas relações. Representada por Taylor, Fayol e Weber, a Administração Científica, também chamada de Escola Clássica, tinha como pressuposto a racionalidade absoluta do ser humano e concentrou suas teses nos aspectos estruturais das empresas.

A Escola Clássica foi terreno fértil para empreendedores como Henry Ford (Ford Company), que as aplicou no ramo automobilístico: "A maneira de fazer carros é fazê-los um como o outro, todos iguais; fazê-los sair da fábrica como os alfinetes saem das fábricas de alfinetes ou como os palitos de fósforos saem da fábrica de fósforos", disse certa vez.

Henry Ford e, em seguida, Alfred P. Sloan (presidente da General Motors) iniciaram uma verdadeira revolução que serviria de base para o desenvolvimento das mais modernas indústrias da época.

– É verdade – assumiu em voz alta o Presidente. – Muitas empresas ainda estão estruturadas segundo esses mesmos preceitos.

A segunda onda

O PROFESSOR PROCUROU, então, explicar que a ênfase na tarefa, na produtividade e na impessoalidade dos mecanismos quantitativos para avaliar resultados contribuiu para um elevado grau de desumanização no ambiente de trabalho, abrindo espaço para uma nova escola de pensamento mais voltada para o aspecto relacional da organização. A Escola das Relações Humanas criticou de modo implacável a noção simplista da natureza humana embutida no conceito de *Homo Economicus* ao defender que o ser humano não pode ser reduzido a esquemas mecanicistas.

Em 1927, um experimento que se tornaria famoso começou a virar a página na história da Administração. Realizada por professores da universidade de Harvard na fábrica de equipamentos telefônicos da Western Electric, situada na pequena cidade de Hawthorne, nos Estados Unidos, a pesquisa pretendia mostrar que, aumentando a luminosidade, a produtividade também aumentaria. Os pesquisadores concluíram, porém, que o nível de produção não é determinado apenas pela capacidade física do empregado, mas também por normas sociais e expectativas grupais. A experiência evidenciou a importância da organização informal dos grupos de trabalhadores e de seus conflitos com as regras de trabalho formais.

Justiça seja feita ao trabalho precursor de Mary Parker Follett, cujos escritos são bem anteriores aos experimentos de Hawthorne. No início da década de 1920, ela já propunha que a melhor forma de equilibrar os conflitos internos não seria pela força, como preconizava a Escola Clássica, mas pela integração dos interesses de ambas as partes – empregados e empregadores. Essa norte-americana ousava defender o trabalho em equipe numa época em que se praticava a administração autoritária. Dizia que métodos mais participativos e democráticos de gestão diminuiriam os custos oriundos dos conflitos e aumentariam a lucratividade.

Essa **segunda onda** da doutrina gerencial foi turbinada pelo psicólogo industrial australiano Elton Mayo, que desde 1923 já investigava as causas da alta rotatividade de pessoal numa empresa têxtil próxima da cidade de Filadélfia, na Costa Leste norte-americana. Em função de seu trabalho na segunda fase das pesquisas em Hawthorne, ele ajudou a deslocar o foco do *mindset* gerencial da organização formal para os grupos informais, assim como dos incentivos puramente monetários para os incentivos psicossociais.

Uma variedade de abordagens e correntes começou a engrossar as fileiras do movimento das relações humanas e da nova concepção do ser humano: o *Homo Socialis*. Entre eles, destacam-se os trabalhos de Dickson, Chester Barnard e Harold Leavitt.

Ideias inovadoras como essas encontraram terreno fértil com o *crash* da Bolsa de Nova York, em 1929. Todas as "verdades" até então aceitas sem contestação começaram a ser questionadas. As teses da Escola de Relações Humanas – baseadas em pressupostos sobre a natureza humana, a natureza do trabalho e a forma de organizar e obter mais produtividade das pessoas – ganharam força, oferecendo uma nova perspectiva para a reconstrução das empresas devastadas pela primeira grande crise do capitalismo.

PRIMEIRO ATO **A DOR DE MUDAR A FORMA DE PENSAR**

– Acho que de certa forma nos encontramos agora em uma situação semelhante – concluiu o nosso Presidente. – Devemos pensar quais "verdades" da Administração precisam ser mais uma vez questionadas à luz dessa crise internacional que se iniciou em 2008 e já se arrasta há vários anos.

Nesse momento, sugeri uma breve pausa para digerirmos um pouco o enorme volume de informação que estava sendo transmitido. Providenciei água fresca para todos, servida em um tipo de jarra de cerâmica, e algumas tâmaras. Para que o almoço fosse rápido, nosso motorista trouxe *lahmacum*, espécie de pizza de carne moída, recém-saída do forno.

Circulamos um pouco mais pela Biblioteca de Celso, apreciando o vaivém dos inúmeros visitantes, mais preocupados em registrar as atrações turísticas em suas máquinas fotográficas ou em seus celulares do que em apreciar a beleza e a magia do local. Fora do recinto, embaixo de uma grande árvore, vários senhores se aglomeravam em torno de tabuleiros de gamão (*tavla*). O jogo é um hábito nacional, praticado nas casas e em quase todos os bares, cafés e praças da Turquia.

Trinta minutos depois, o Professor nos chamou de volta e continuou sua preleção.

A terceira onda

EM MEADOS DA DÉCADA DE 1940, já perto do fim da Segunda Guerra Mundial, surgiram os estudos mais aprofundados sobre a motivação humana e as necessidades no trabalho, numa concepção que vai além das propostas da Escola de Relações Humanas. Mais uma vez, novas circunstâncias estavam moldando outros desafios para o mundo empresarial.

Vários autores começaram a propor reformas no trabalho e nas estruturas organizacionais para atender à necessidade de autorrealização das pessoas, considerando o ser humano mais dinâmico e ativo na busca de autonomia e autodesenvolvimento, e não um ser passivo como apregoavam as escolas Clássica e a de Relações Humanas.

Essa **terceira onda** poderia ser chamada de Escola Neoclássica ou Escola Motivacional. O maior expoente foi o psicólogo norte-americano Abraham Maslow. Em 1943, ele afirmou que o ser humano tem necessidades complexas que foram hierarquizadas sob a forma de uma pirâmide. Na base ficam as necessidades fisiológicas (respirar, comer, dormir, ter relações sexuais) e de segurança (estabilidade no emprego, seguro de vida, plano de saúde), seguidas das necessidades sociais (interagir com pessoas, fazer parte de um grupo, ter amigos). O topo é ocupado pela necessidade de autorrealização (autonomia, independência, realização pessoal) e de autoestima (responsabilidade pelos resultados, reconhecimento). Segundo esse autor, as necessidades mais elevadas só podem ser preenchidas quando as demais estiverem atendidas. Daí a terminologia do *Homo Complexus*, como uma metáfora para essa fase do desenvolvimento do *Management*.

Nesse momento, o DRH interrompeu a explanação para afirmar que os trabalhos de Maslow embutiam sempre uma questão-chave: do que as pessoas precisam para ser felizes? E serviram de inspiração para outras teorias sobre motivação e liderança, assinadas por Douglas McGregor, Rensis Likert, Chris Argyris, Frederick Herzberg e Warren Bennis.

Práticas inovadoras passaram a ser introduzidas nas empresas, como o "enriquecimento do trabalho" por meio da descentralização e o redesenho de tarefas visando ao desenvolvimento das pessoas. O sagrado princípio da amplitude de controle, muito defendido pela Administração Científica, começava a ser desmantelado.

– Mas quem estabeleceu as bases do *Management* moderno foi Peter Drucker – afirmou categoricamente o Professor, enquanto trocávamos um olhar de cumplicidade. Considerado o pai da Administração, ele inventou a gestão como disciplina e delineou as funções do *manager*, divididas em seis tarefas básicas: definir objetivos, organizar, motivar, comunicar, controlar, identificar e formar pessoas.

A quarta onda

Na década de 1950, Drucker criou o conceito de Administração por Objetivos (ApO) com uma metodologia que virou prática obrigatória em diversas empresas do mundo como uma alternativa ao rígido controle burocrático. Esse sistema prevê um "compromisso por resultados", firmado pela pessoa e chefia, de modo a conceder ao indivíduo mais responsabilidade e autonomia de ação e à empresa descentralização de procedimentos.

Economista, jornalista, professor, consultor e filósofo, ele era um pensador multidisciplinar e, portanto, muito diferente dos precursores, que eram "apenas" engenheiros, sociólogos ou psicólogos. Tornou-se um prolífico autor de obras fundamentais, entre as quais se destaca a primeira "bíblia" da gestão moderna, *Concept of the Corporation*, publicado em 1946.

Enquanto nos servíamos de um *khave*, típico café turco bastante forte, pois não é coado e a "borra" fica depositada no fundo da xícara, a Gerente Financeira acrescentou que o "guarda-chuva" aberto pela filosofia gerencial de Drucker serviu de abrigo para vários movimentos pendulares entre a eterna busca da eficácia e da eficiência. A sua obra transcendeu modismos espasmódicos como os movimentos de qualidade, gestão humanista, desenvolvimento organizacional, reengenharia causada pelo *downsizing* e pela Gestão do Conhecimento.

Ela sorriu marotamente quando o Diretor de Logística perguntou:

– Desde quando gente da área financeira entende de filosofia empresarial e conhece a obra de Drucker?

Perguntei, então, ao Professor se o importante conceito das organizações como sistemas abertos, que devem se adaptar ao seu meio ambiente, serviu de fundamento ao pai do *Management* moderno.

Ele explicou que a "Teoria Geral dos Sistemas", difundida na década de 1950 a partir dos estudos do biólogo Ludwig Von Bertallanfy, criou a base filosófica para um importante avanço em relação à Escola Clássica da Administração, que sempre considerou as organizações sistemas fechados.

Começou-se a delinear a tese de que o trabalho não poderia ser considerado apenas um conjunto de tarefas rotineiras e individuais justapostas, mas um sistema com uma unidade clara formada por partes diferenciadas que devem ser integradas entre si e com o ambiente. Por isso, a metáfora para essa quarta onda seria o *Homo Organizacional*.

Um grande diferencial da doutrina Drucker é a defesa da gestão como uma ciência social, cujo âmbito deveria transcender o mundo empresarial, pois lida com pessoas em contextos que ultrapassam o ambiente corporativo.

Em 1999, perguntaram a ele qual teria sido sua maior contribuição. Drucker respondeu que foi ter estabelecido o estudo do *Management* como uma disciplina com domínio próprio, focada, não em negócios (*business*), mas em pessoas e poder, em valores e estrutura, e, acima de tudo, em responsabilidades. "Eu foquei no estudo do *Management* como uma disciplina e como uma arte liberal", respondeu o grande mestre.

Seu pensamento inspirou diversos profissionais – executivos, professores e pesquisadores – em todo o mundo. Na esteira de sua abordagem pioneira, surgiram conceitos mais específicos como os de *Estratégia Empresarial* (Igor Ansoff, 1965), *Marketing Management* (Philip Kotler, 1967), *Vantagem Competitiva e Estrutura de Competitividade* (Michael Porter, 1980), *Empresas Duradouras* (James Collins, 1985), *Competências*

PRIMEIRO ATO **A DOR DE MUDAR A FORMA DE PENSAR**

Essenciais (C. K. Prahalad e Gary Hamel, 1980), *Inovação na Gestão* (Gary Hamel, 2007) e *Supercorporações* (Rosabeth Moss Kanter, 2009). Por sua influência seminal em trabalhos como esses é que ele é considerado "o pai" do *Management* moderno.

A quinta onda?

– A REVOLUÇÃO DA TECNOLOGIA da informação, a globalização e as novas circunstâncias criadas pela Era do Intangível estão reconfigurando o mundo empresarial e exigindo uma nova forma de pensar e de praticar o *Management* – ressaltou o Professor.

A situação neste início do século XXI guarda semelhanças, não de conteúdo, mas com o processo que motivou a "segunda onda do *Management*", após a quebra da Bolsa de Nova York, em 1929. Mais uma vez, um conjunto de acontecimentos afeta fortemente a sociedade e o mundo empresarial. Desta feita, o impacto tem sido exponenciado desde a queda do muro de Berlim, em 1989, a geopolítica multipolar, a globalização além do Ocidente, a popularização da web e das redes sociais, a capilaridade da comunicação instantânea, a força econômica dos países emergentes, a consciência climática, o terrorismo em escala mundial a partir de 2001 e as recentes crises financeiras na primeira década do novo século.

Diante de novos problemas e de fatos que alteram a compreensão sobre o funcionamento das empresas levando-nos a questionar as certezas anteriores, criam-se as condições para um novo salto do conhecimento. O Professor terminou suas análises nesse ponto, mas eu não consegui parar e fui adiante com minhas reflexões.

A meu ver, esse é o cenário do movimento em direção ao Neo*Management*, que poderíamos chamar de a "quinta onda" no processo de evolução da Administração. A metáfora que utilizaria para me referir a ela é a do *Homo Mutabilis*, ante a necessidade de buscar conhecimentos, de mudar, de aprender e, principalmente, de aprender a aprender. Ou a do *Homo Congregatio* para simbolizar a necessidade de integrar, de buscar a convergência e de ter uma visão verdadeiramente sistêmica da Era do pós-*Management*, em contraposição à atitude fragmentadora que caracterizou as décadas de supremacia do *Management*.

Já era hora de voltar para Malatya, pois já anoitecia. Antes de dar por encerrada sua "aula", meu querido mentor agradeceu bastante o convite. Lembrou a todos que em Éfeso, no ano de 504 a.C., Heráclito, um dos mais famosos filhos da cidade e considerado o mais proeminente dos filósofos pré-socráticos, criou a expressão "tudo flui" (*panta rei*), popularizando a ideia de que "a única coisa permanente é a mudança". Heráclito também dizia que "não se pode percorrer duas vezes o mesmo rio". Segundo ele, tudo deve ser considerado um grande fluxo perene no qual nada permanece como antes, pois tudo se transforma e está em contínua mutação.

– Heráclito identifica a forma do ser no "devir", sustentando que só a mudança e o movimento são reais e que a identidade das coisas iguais a si mesmas é ilusória – esclareceu o professor. – Para o filósofo tudo flui.

Após cumprimentar um a um, o Professor se dirigiu à saída, parou, deu meia-volta, encarou o grupo e não hesitou:

– A pergunta é: começaremos uma nova era, com novas crenças, pensamentos e comportamentos, ou continuaremos a repaginar a mesma história?

Em outras palavras, vamos inventar a lâmpada ou insistir em aperfeiçoar a vela?

CAPÍTULO 4 **A NOVA ERA DO *MANAGEMENT***

Um fato curioso movimentou a pacata Sobral, no Ceará, em 1919, e mudou os rumos da Física. Foi na praça central da cidade, a 235 km da capital, Fortaleza, que um grupo de astrônomos, inspirado pelo jovem Albert Einstein, na época um desconhecido físico alemão, comprovou a Teoria da Relatividade, liderado pelo inglês Charles Davidson e pelo irlandês Andrew Crommelin.

Lembrei-me desse fato quando voltávamos para o hotel. A mudança de paradigma proporcionada pelo advento da nova teoria soava para mim como estímulo para procurar os contornos do paradigma do Neo-*Management* e esboçar alguns princípios básicos de gestão necessários para o sucesso autossustentável da empresa moderna.

Ah! Se pudéssemos convidar o famoso físico para pedir a ele que nos contasse como havia promovido a mudança de paradigma ao conseguir provar a sua teoria, formulada quatro anos antes.

- Mas você acha que Einstein participaria de um encontro sobre Administração? - questionou o Diretor de Logística.

- Não podemos ter certeza de nada, tudo é relativo... - contestou ironicamente a Gerente Financeira, que ouvia a conversa. E prosseguiu: - Fico imaginando como seria o diálogo dele com Taylor, que apenas oito anos antes da comprovação do paradigma da relatividade havia criado o primeiro paradigma do *Management*, o da Administração Científica.

– Em qualquer circunstância – pensei alto –, ele provavelmente revelaria que a sua teoria previa que a luz sofreria desvios ao passar perto de corpos de grande massa. Para testar esse enunciado, os cientistas resolveram fotografar estrelas próximas ao Sol durante um eclipse em dois locais da Terra onde o fenômeno fosse perfeitamente visível. Depois, as mesmas estrelas foram fotografadas à noite para checar se a luz mudava de posição ao estar livre da influência do campo gravitacional do Sol.

Além de Sobral, o eclipse foi observado na Ilha Príncipe, possessão portuguesa na costa ocidental da África. Mas ali o dia amanheceu chuvoso e das 16 chapas gravadas apenas duas puderam ser aproveitadas. Já na cidade cearense, das 16 tentativas de registro saíram sete imagens impecáveis. Assim, a Teoria da Relatividade foi provada em terras brasileiras, às 8 horas, 58 minutos e 29 segundos da manhã do dia 29 de maio de 1919, consagrando seu autor e modificando a Teoria da Gravitação Universal de sir Isaac Newton, que reinara absoluta por mais de dois séculos.

O objetivo foi alcançado com o auxílio de um conjunto de instrumentos – a luneta astrográfica do observatório de Greenwich, a luneta de quatro polegadas do padre Cortie e o celóstato da Royal Irish Society – desenvolvidos a partir da célebre luneta de Galileu. O gênio italiano havia aperfeiçoado a invenção do holandês Hans Lippershey (1570--1619), de modo que as imagens ficassem mais nítidas e sem deformação. Ao observar, em 1610, montanhas e crateras na Lua, manchas no Sol e satélites ao redor de Júpiter, Galileu propôs que a Terra é que girava em torno do Sol e não o contrário, como se acreditava até então.

– Um pequeno detalhe merece atenção – alertou o Diretor de Logística. – O nome correto do aparelho de Galileu e dos utilizados no eclipse de Sobral é luneta e não telescópio. Ao contrário do que se supõe, os termos não são sinônimos, já que os dois instrumentos funcionam por princípios físicos diferentes. A luneta é um refrator, só tem lentes; o telescópio é refletor, tem lentes e espelhos.

O DRH agradeceu por mim e afirmou que graças a essas ferramentas os cerca de 6 mil habitantes que viviam em Sobral na época testemunharam, não apenas um fato histórico, mas um momento de virada, em que teorias anteriores são rompidas e surge um novo paradigma.

– Vale a pena acrescentar – enfatizei – que não foi Einstein nem os astrônomos britânicos que inventaram o fenômeno físico da relatividade. Ele sempre existiu, mas não era percebido porque faltavam instrumentos adequados para estudá-lo ou porque os cientistas não voltavam seu olhar nessa direção.

– Belo raciocínio! – incentivou o Presidente. – A mesma lógica pode ser aplicada às novas circunstâncias que impactam, de forma contundente e perturbadora, o mundo empresarial contemporâneo. Os tradicionais conceitos do *Management* não dão mais conta dos fenômenos que ocorrem dentro do universo empresarial. É preciso quebrar esse paradigma para dar origem ao novo.

O Diretor de Logística arrematou o raciocínio do nosso Presidente com uma das célebres frases de Einstein: "A mente que se abre a uma nova ideia jamais voltará ao seu tamanho original".

– Sim, é preciso ter a coragem de relativizar dogmas que por muito tempo pareceram incontestáveis – completei, animado pelo comentário do colega.

– Que o acontecimento de Sobral e essas novas pesquisas nos inspirem a questionar e quem sabe até a mudar o paradigma que orienta o dia a dia das empresas – apressei-me a dizer.

– Vamos chamar essa iniciativa de movimento Neo*Management*! – sugeriu o Presidente. – Esse movimento requer novos instrumentos que permitam enxergar a realidade sem distorções, e um olhar diferenciado, a busca de outros pontos de observação capazes de expandir nosso campo de visão.

Tive a impressão de ouvir alguém pensando alto: "Ainda não dispomos dos novos instrumentos. Eles precisam ser criados. Mas já podemos exercitar um novo olhar a partir do incômodo decorrente da inadequação entre os princípios tradicionais do *Management* e a nova realidade do mundo organizacional em reconfiguração. Só assim poderemos visualizar como pode vir a ser a NeoEmpresa".

– Como seria a NeoEmpresa? – lancei essa pergunta e pedi a cada um dos meus colegas que a respondesse com uma metáfora, uma ideia, uma imagem. Nesse momento, o pequeno jatinho iniciou os procedimentos para aterrissar em Malatya. Hayal nos levou para o hotel, a maioria já cochilando na van. Ao chegarmos ao *lobby*, nos dirigimos aos nossos aposentos sem compartilhar nossas impressões. A conversa sobre a representação de cada um a respeito da empresa do futuro teria de aguardar o dia seguinte.

Assim que entrei no quarto, liguei o *notebook* para descarregar de minha máquina digital imagens dos principais pontos por onde havíamos passado. Pretendia enviá-las para minha mulher e meus filhos ainda essa noite. Pedi ao serviço de quarto uma refeição leve: peito de frango grelhado à maneira ocidental, como estava acostumado, acompanhado apenas de uma salada verde. Precisava de uma pausa alimentar.

Enquanto relaxava o corpo, minha cabeça não parava de funcionar. Pensava como a Administração tem se desenvolvido como ciência à medida que procuramos fazer pesquisas rigorosas, utilizando os métodos mais sofisticados e analisando os dados de dezenas e centenas de

PRIMEIRO ATO **A DOR DE MUDAR A FORMA DE PENSAR**

empresas ao longo de anos. Mas será que algum dia conseguiremos isolar cientificamente as razões para o sucesso de uma empresa e compará-las com empresas de menor sucesso? Será?

A inquietação que eu sentira no início dessa viagem agora estava ainda mais intensa. Apesar de começar a ter uma visão mais clara sobre como representar a empresa do futuro, a imagem que me ocorria não era nada tranquila. Começara a imaginar a **NeoEmpresa como uma espécie de trem-bala trafegando em uma sinuosa montanha-russa.**

SEGUNDO ATO
UM TREM-BALA NA MONTANHA-RUSSA

CAPÍTULO 5 **BEM-VINDO À NEOEMPRESA**

Lembra-se da polêmica que o computador causou ao surgir? Filmes de ficção científica dos anos 1960-1970, como o inesquecível *1984*, baseado na novela de George Orwell, e o emblemático *2001 – Uma Odisseia no Espaço*, do diretor Stanley Kubrick (1968), apresentaram essas máquinas como vilões capazes de dominar a humanidade. Além de estranheza, havia certo receio de que o ser humano fosse substituído pela máquina. Todos perderiam o emprego e, mais grave ainda, a liberdade e a privacidade.

Não pude deixar de rir ao lembrar de tamanha ingenuidade, enquanto observava os *outdoors* de várias empresas de computação e de tecnologia da informação que me evocaram aquelas lembranças. Eu os avistei durante uma caminhada pelas ruas de Malatya, nas redondezas do excelente hotel onde estávamos hospedados e que servia de base para nossas incursões ao Monte Nemrut e seus arredores.

Naquela manhã acordei bem cedo, tomei um rápido café e fui malhar um pouco. Além de fortalecer os músculos e estimular o coração, o exercício físico me ajudaria a organizar as ideias, que estavam fervilhando após as conversas com os gurus e a decisão de traçar os contornos do que seria a NeoEmpresa.

A NEOEMPRESA

Aqueles *outdoors* me fizeram pensar que no início os usuários potenciais do computador não conseguiam perceber a sua utilidade, apegados que estavam às suas velhas máquinas datilográficas, cuja maestria no uso chegou até a ser fator de empregabilidade por décadas. Diante da dificuldade de assimilarmos o novo, tendemos a encará-lo, a princípio, como uma variação ou aperfeiçoamento de uma ideia familiar ou antiga. Demorou para entenderem que o computador não era a evolução da máquina de escrever.

Da mesma forma, a NeoEmpresa não deve ser vista como uma simples edição melhorada da velha empresa. Trata-se de uma entidade diferente, baseada em crenças e pensamentos originais bem distintos daqueles que embasaram a formulação da Era do *Management*.

Essa constatação é decisiva. Afinal, muitas empresas têm sido condenadas ao fracasso pelas mesmas estratégias que as fizeram ter sucesso há uma ou duas décadas. Isso explica por que ícones não conseguiram ficar em pé na hora em que precisaram competir para valer, quando os ventos deixaram de ser favoráveis.

Já não são suficientes os princípios sob os quais elas floresceram: especialização e organização do trabalho em áreas funcionais, padronização dos produtos, economia de escala. Adicionalmente, viraram pó suas vantagens, antes consideradas inabaláveis, como domínio das fontes de matérias-primas, controle de fornecedores, acesso privilegiado a informações, lealdade dos empregados, reservas financeiras vultosas.

No passado, se alguma coisa não andasse bem, havia tempo hábil para se ajustar e corrigir os erros e eventuais desvios. Quando aparecia um competidor, as empresas não precisavam se preocupar muito, pois já estavam estabelecidas no mercado e cabia ao novo entrante provar que podia bater de frente e sobreviver, se tivesse sorte. Porém, no cenário de mudanças descontínuas em que vivemos, quem perde um dos sinais da estrada pode ficar irremediavelmente fora da corrida.

No atual contexto do mundo empresarial, com altos e baixos dramáticos e elevada carga de adrenalina que lembra a montanha-russa dos parques de diversão, não são apenas os mais fortes que engolem os mais fracos, nem somente os maiores que derrotam os menores. Agora também os mais velozes ultrapassam os mais lentos. Na "multicompetitividade" que presenciamos, a postura vencedora se assemelha mais à tática de guerrilhas: criar vantagens competitivas temporárias, destruí-las, criar outra vantagem, e assim sucessivamente. Essa tática parece mais apropriada ao ambiente de alta volatilidade e virtualidade dessa economia do que as estratégias de guerra convencionais, que primavam pelo uso de estruturas grandes, hierárquicas e verticalizadas, e de pesados equipamentos para a conquista e ocupação dos territórios almejados.

As circunstâncias mudam todos os dias, em qualquer lugar, em todos os negócios, e cada vez mais de forma imprevisível e acelerada. A velocidade virou questão de vida ou morte. Os dirigentes são forçados a decidir cada vez mais em tempo real, sem condições para analisar nem percorrer as tradicionais etapas e rituais do Planejamento Estratégico. À medida que o mundo torna-se mais incerto e volátil, fica difícil prever o futuro. Não podemos mais fazer planos rígidos para um horizonte de 10 ou 20 anos. Podemos, no máximo, definir rumos estratégicos. A prática tem demonstrado: quando os planos ficam prontos, as circunstâncias já mudaram.

A velocidade é apenas um dos diferenciais. Começamos a aprender, a duras penas, que daqui para a frente teremos não "apenas" de cuidar dos nossos melhores clientes para evitar o avanço dos concorrentes que fabricam produtos similares ou prestam os mesmos serviços, mas também de lutar muito para blindar nossos melhores talentos do assédio daquelas empresas que precisam das mesmas competências críticas de que dispomos em nossos quadros.

Poucas são as manobras dos adversários que podem ser previstas. Mas de pelo menos duas já temos certeza: primeiro avançarão sobre nossos clientes (em busca de *market share*) e depois sobre nossos melhores talentos (para seduzir nossa *competence share*). Ou vice-versa! E certamente irão atrás dos nossos melhores fornecedores, parceiros e investidores. É apenas uma questão de tempo...

A empresa do futuro transita, enfim, por uma zona de alta turbulência, como uma sinuosa montanha-russa. Mas não pode ser vista como um bonde que trafega em trilhos urbanos, ou o tradicional carrinho, construído segundo princípios adequados a um tipo de cenário que ficou para trás. Ela está mais para um trem-bala, equipado com artefatos sofisticados, projetado e construído para transitar em alta velocidade nesses traçados turbulentos e dinâmicos que muitas vezes provocam a descarga de elevada dose de adrenalina.

Trata-se de um organismo multicentrado – isso mesmo, multicentrado – pois a empresa moderna precisa ser repensada à luz de duas perspectivas: (1) está deixando de ser o centro do mundo corporativo – da mesma forma que a Terra deixou de ser o centro do universo –; e (2) não possui apenas um único centro, em torno do qual gira, mas gravita em torno de múltiplos centros: as pessoas que nela trabalham, os clientes a quem serve, os parceiros que a complementam e as diversas entidades com as quais se relaciona. Esse organismo se perpetua e adquire autossustentabilidade quando se percebe como Consequência – e não como Causa – das *partes interessadas* que compõem o seu sistema.

Estava absorto nos meus pensamentos quando cheguei ao mercado. Comprei alguns pacotes de damascos secos, o principal produto de exportação de Malatya. Não resisti também a saborear alguns figos secos ao retomar o caminho de volta ao hotel. No trajeto, pretendia passar também por uma loja recomendada pela Gerente Financeira. Ali ela comprara uma pulseira de ouro muito bonita. Pensava em algo semelhante para levar de presente para minha esposa.

Mas em determinado trecho me perdi. Acabei seguindo uma ruela sem saída. Quando percebi o erro e fui dar meia-volta, estava cercado por dois sujeitos de aparência suspeita. "Pronto", pensei, "agora eles vão anunciar o assalto." Esperava pelo pior. Eles passaram, então, a falar coisas incompreensíveis e a fazer gestos como se quisessem me expulsar dali. Só então eu me dei conta de que havia entrado em uma área privada, no terreno de uma residência particular.

Afastei-me dali o mais rápido possível, mas procurei me acalmar lembrando que os turcos são expansivos, gostam de tocar nas pessoas e, apesar de às vezes soarem barulhentos, em geral são bastante afáveis, educados, generosos e especialmente carinhosos com as crianças, que eles consideram um "tesouro nacional".

Parei no primeiro bar que encontrei, pedi um café duplo e, enquanto me refazia do susto, tratei de levantar informações sobre o melhor caminho para voltar ao hotel. Mas tive dificuldades de obter a orientação de que necessitava devido à barreira do idioma. Até que um senhor, muito simpático, ajudou-me a encontrar a rua da qual me desviara.

Mais tranquilo, fui relacionando mentalmente as principais características da NeoEmpresa:

É uma entidade multicentrada, que gravita em torno de clientes, pessoas, parceiros, investidores, comunidades e demais partes interessadas, em vez de ser o centro de gravidade do universo corporativo, como estamos acostumados a imaginá-la. Nesse sentido, a NeoEmpresa deve ser pensada e construída sob uma dupla perspectiva: de "dentro para fora" (processos, sistemas, estrutura, produtos) e, simultaneamente, de "fora para dentro" (Clientes, Parceiros, Comunidade e Investidores).

Integra, de forma orgânica, sistêmica e diferenciada o seu (1) modelo de negócios; (2) modelo de gestão; e (3) modelo organizacional (estrutura), indo muito além da "colcha de retalhos" que caracteriza as fragmentadas empresas tradicionais.

Constrói um "Mapa de Geração de Valor", em vez de apenas buscar atingir resultados de curto prazo. Essa construção de valor é decorrente do significado percebido pelas entidades que fazem parte do seu modelo de negócios, o que conduz a resultados surpreendentes, indo muito além do mero valor econômico.

Atrai e desenvolve líderes inspiradores, verdadeiros "construtores de pontes" que investem na formação de outros líderes, indo muito além dos chefes "construtores de paredes" individualistas e sectários que formam apenas seguidores.

Luta pelo progresso dos seus Clientes, em vez de apenas buscar o seu próprio progresso. Coloca o cliente no centro do seu organograma – uma vez que sabe que o seu sucesso é consequência direta do sucesso dos seus clientes, distribuidores e parceiros. Educa o cliente para o que de fato necessita, transpondo simplesmente atender a seus desejos e "superar suas expectativas".

Customiza a Gestão das Pessoas, em vez de apenas gerenciar cargos. Respeita a individualidade de cada um, oferecendo uma razão inspiradora para suas vidas. Obtém, assim, o melhor do seu patrimônio humano, indo muito além de simplesmente contar com colaboradores satisfeitos.

Valoriza o intangível, em vez de apenas o tangível. Diferencia-se dos concorrentes por cultivar confiança, capital humano, relacionamentos, cultura, clima de inovação, indo muito além da gestão eficiente de capital, equipamentos, estoques, tecnologia e instalações.

Desenvolve uma Cultura Integradora, organizada por negócios, indo muito além de apenas incentivar a tradicional cultura fragmentadora, baseada no gerenciamento de estruturas funcionais.

Constrói "Arquipélagos de Excelência", em vez de "ilhas de competência". Busca alto grau de integração tanto nas suas equipes de alta *performance* quanto na arquitetura de poderosos *hubs* de parceiros, ultrapassando a gestão de fornecedores e prestadores de serviços.

Cultiva a paixão, em vez de valorizar apenas as pesquisas de motivação de funcionários e de satisfação de clientes. Constrói em todos os níveis e em todos os componentes do seu negócio um clima de apaixonamento, indo muito além de ser apenas uma "empresa admirada".

Reinventa-se continuamente, criando uma Cultura de Inovação permanente, ao incorporar clientes e parceiros na busca de soluções a quatro mãos, integradas e conjuntas, superando a criatividade espasmódica e das "caixinhas de sugestões".

A NEOEMPRESA

Além disso, a NeoEmpresa:

- Incorpora a **sustentabilidade** ao seu modelo de negócios, identificando o fator crítico para os seus diversos públicos. A prática da sustentabilidade será diferente para o usuário de uma rodovia, o morador de uma comunidade instalada sobre um gasoduto e o acionista de uma cadeia de hotéis, por exemplo.
- Coloca a **Tecnologia** a serviço do ser humano e não vice-versa, estimulando, assim, o *"high touch"* sempre que precisar da *"high tech"*.
- **Estrutura-se de forma horizontal, direta, flexível, focada em centros de resultados e em negócios,** em vez de se organizar por uma estrutura funcional e por centros de custos. A NeoEmpresa edifica, assim, um modelo de governança sadio que evita engessar o processo decisório e, consequentemente, afugentar os jovens talentos inquietos das novas gerações.

Concluí que os líderes da NeoEmpresa constroem o futuro, enquanto garantem o presente, buscando no curto prazo a excelência do longo prazo. Não visam apenas ao crescimento desenfreado, mas ao desenvolvimento que a torne longeva e autossustentável. Concluí ainda que os líderes da NeoEmpresa **valorizam o sonho como a primeira etapa do Planejamento Estratégico,** levando em conta as aspirações de empreendedores, clientes e colaboradores, em vez de considerá-lo apenas um ritual lógico e racional para registrar decisões e metas.

Parei por uns instantes e respirei fundo. Precisava de um volume adicional de ar para desacelerar um pouco a minha mente.

Quando cheguei ao hotel, encontrei o DRH, que se dirigia ao restaurante para o café da manhã.

SEGUNDO ATO **UM TREM-BALA NA MONTANHA-RUSSA**

– *Günaydin!* – cumprimentei-o, desejando bom-dia em turco.

Ele sorriu, comentou sobre minha pronúncia meio desajeitada e me informou que os demais colegas se reuniriam ali dentro de alguns minutos. Avisei que me juntaria a eles em meia hora.

Havíamos combinado de fazer quase uma "imersão" por três ou quatro dias para "inventar o futuro" e identificar os contornos da NeoEmpresa. Quais novos princípios norteariam a Estratégia, a Gestão de Clientes, Pessoas, Resultados, Estrutura, Parceiros e a Cultura Empresarial? Não sabíamos a resposta, mas assumimos o desafio de tentar encontrá-la nos próximos dias.

Durante a caminhada matutina já tinham me ocorrido várias ideias. O esboço do que deveria ser a NeoEmpresa começara a ficar cada vez mais claro para mim. Enquanto tomava uma ducha alternando água morna e fria, lembrei-me de uma frase atribuída ao general cartaginês Aníbal: "Ou nós encontramos um caminho, ou abrimos um".

CAPÍTULO 6 SONHO: PRIMEIRA ETAPA DA ESTRATÉGIA

– Um *çayi*, por favor! – disse ao garçom, ao pedir um delicioso chá-preto, a bebida não alcoólica mais tradicional da Turquia, servida em copos de vidro em forma de pequenas tulipas. O chá substituiria o café do desjejum naquela manhã em que eu me sentia particularmente inspirado para discutir os contornos da NeoEmpresa.

Ao meu lado na mesa do café estavam o DRH, a Gerente Financeira e o Diretor de Logística. Perguntei aos colegas se haviam pensado em uma metáfora para representar a NeoEmpresa, como havíamos combinado no dia anterior.

– Para mim é como um navio, um porta-aviões – respondeu a Gerente Financeira. – Gosto daquela velha ideia de questionar: "Estamos todos no mesmo barco?" A diferença é que agora precisamos navegar em águas turbulentas.

– Eu penso em um avião – afirmou o Diretor de RH. – Também gosto de outra imagem antiga, aquela de "trocar o motor do avião em pleno voo".

– São imagens interessantes – comentei, – mas eu prefiro algo mais inusitado.

SEGUNDO ATO **UM TREM-BALA NA MONTANHA-RUSSA**

– Como o quê? – quis logo saber o Diretor de Logística.

– Para mim, a NeoEmpresa é como um trem-bala trafegando numa sinuosa montanha-russa.

Os três riram e aplaudiram. A minha metáfora tinha caído no agrado deles.

Terminado o café, fomos até a sala reservada para o encontro. Aos poucos, foram chegando os gurus, acompanhados pelo Presidente.

O chefe maior de nossa empresa abriu a reunião apresentando o tema do dia: estratégia. Contou que, segundo um artigo publicado na revista de Harvard pela maior autoridade no assunto, Michael Porter, renomado economista e professor daquela instituição, o desempenho empresarial é motivado por dois fatores: estratégia e execução. Estratégia é o desempenho diferente de atividades diferentes daquelas das empresas rivais, ou o desempenho diferente de atividades similares. Esse pensamento é complementado por outro professor de Harvard, Phil Rosenzweig, segundo o qual estratégia não é meta, objetivo ou alvo. Tampouco é uma visão, missão ou declaração de propósito. Consiste em ser diferente dos rivais de algum modo importante. O Presidente continuou sua explanação referindo-se ao modo como a estratégia geralmente é traçada nas empresas:

– Os velhos cânones de Administração ditam que o planejamento deve ser o resultado final de uma sequência de eventos racionais e objetivos. Por trás da estratégia haveria uma lógica mais ou menos assim: os diretores se reúnem, consultam as pesquisas de mercado mais atualizadas e confiáveis, analisam os cenários otimistas e pessimistas, as ameaças e as oportunidades, as forças e as fraquezas da empresa, definem o nicho de clientes a ser atendido, discutem as alternativas e elaboram um plano de ação. Na prática, porém, o que se observa é que só isso não funciona. Tem de ter algo a mais, um passo adiante.

A NEOEMPRESA

Interrompi-o e disse que vários casos de sucesso apontam que as estratégias empresariais muitas vezes são fruto de um desejo pessoal transformado em sonho coletivo. O empreendedor tem um sonho a partir do qual elabora um projeto. Percebe necessidades de clientes potenciais, formula um modelo de negócios, busca aliados, expressa suas aspirações, luta por elas, motiva parceiros, investidores e colaboradores, e a empresa toda abraça a Causa.

Disse tudo isso olhando para Ansoff, tentando sondar o que ele achava dessa linha de raciocínio. Criador de um modelo de Planejamento Estratégico que prevê uma sequência de decisões voltadas para a expansão e a diversificação empresarial, eu queria saber sua opinião sobre o fato de algumas estratégias vitoriosas levarem em consideração a intuição, o comprometimento e a paixão das pessoas envolvidas. Realizam, de forma equilibrada, um tripé de sonhos: o do empreendedor, o dos clientes e o das equipes. Não consegui me controlar e afoitamente fui logo concluindo:

– Resultados econômicos e financeiros são uma consequência natural desse conjunto de sonhos harmonizados.

– Mas atenção – meus colegas pareciam querer alertar. – Sonhar não é ficar tentando adivinhar o futuro, nem ficar fazendo exercícios de futurologia.

– Sonhar é inventar o futuro! – pensei em voz alta.

Demonstrando concordância com a minha dedução, eles acrescentaram:

– É necessário definir em conjunto o rumo e a forma pela qual chegar lá.

Todos se lembraram da clássica pergunta de Drucker – "Qual é o nosso negócio?" – como uma das questões básicas para a formulação da estratégia. A falta de clareza quanto ao rumo pode ser o maior inimigo para o sucesso de um empreendimento. A estratégia clara e disseminada, por sua vez, tende a ser um importante instrumento de alinhamento entre as pessoas.

— Como assim? - bradou o Diretor de Logística. — Todos sabemos que o segredo é a alma do negócio. E vocês estão querendo dizer que a estratégia deve ser divulgada na empresa com o objetivo de facilitar o alinhamento?

Respiramos fundo, daí falei com legitimidade:

— Precisamos entender de uma vez por todas que o maior concorrente de uma empresa nem sempre é quem fabrica o mesmo produto ou presta o mesmo serviço, como fomos levados a crer ao longo de décadas de reinado das ideias do *Management* tradicional - destaquei. — Quase sempre o maior concorrente reside na nossa própria casa, quando o rumo não está claro para todos, quando a estrutura não é um espelho da estratégia desenhada, quando falta integração entre as diferentes pessoas e entre as áreas.

A conversa prosseguia bastante animada quando um dos notáveis, não me recordo exatamente qual, perguntou:

— Qual o maior desafio que a sua empresa enfrenta na Gestão do Negócio?

— Execução! - bradou sem pestanejar o Presidente, com a unânime concordância de todos.

— Como vocês descreveriam esse desafio de execução? - perguntou o outro guru.

— As estratégias são decididas, mas não saem do papel. As coisas não são feitas a tempo, nosso *time to market* é lento; parece faltar comprometimento das pessoas responsáveis pelos projetos. Temos bom planejamento, o que falta é *fazejamento* - todos nos apressamos a responder, ao mesmo tempo, sobre o problema que tanto nos aflige.

– A que vocês atribuem essa característica da empresa de vocês? Quais as causas? –continuaram a provocar os gurus, utilizando o método de fazer sucessivas perguntas para estimular o interlocutor a tomar consciência de sua situação e buscar em si mesmo as respostas, em vez de esperar dos outros as fórmulas prontas.

Esse método teve em Sócrates o seu pioneiro. O filósofo grego, que viveu entre 470 e 399 a.C., gostava de ironizar as "certezas estabelecidas" dos seus alunos e provocava-os a trazer à tona suas próprias ideias. Sócrates dizia que não pretendia informar, mas formar as pessoas. Aquilo que viesse do mestre em sentido unidirecional teria um efeito exterior, superficial, sobre a consciência do aluno. O método ficou conhecido como *Maiêutica*, nome inspirado na profissão de sua mãe, que era parteira, e que significa "dar à luz" intelectual, a procura da verdade no interior do homem.

Não pude evitar a comparação com as cinco questões essenciais que Peter Drucker costumava fazer aos seus interlocutores.

O Presidente retomou o fio da meada da sabatina, dizendo:

– Acho que o baixo nível de implementação é uma resposta das pessoas ao processo que não as envolve. As decisões são normalmente tomadas no nível dos dirigentes e depois levadas ao próximo nível para serem implementadas.

– O que mais especificamente? – continuavam com a bateria de perguntas.

– Falta de atenção para o lado emotivo e intuitivo das pessoas, pois nossos processos são muito racionalizados – disse o DRH.

– Falta reconhecimento quando as coisas são benfeitas e no prazo; faltam incentivos claros – afirmou o Diretor de Logística.

– Medo de errar – sugeriu a Gerente Financeira.

– Resistência à mudança – insinuei.

SEGUNDO ATO UM TREM-BALA NA MONTANHA-RUSSA

Aí veio a pergunta mais complexa, mais difícil de responder, porém a mais elucidativa:

– Quais crenças ou ortodoxias embasam tais práticas e que comportamentos de vocês levam a essas situações?

Hesitamos bastante antes de responder. No final, acabamos listando duas crenças que podem realmente estar na origem do nosso problema de execução ineficaz.

A primeira pode ser expressa pelo arraigado dito popular "Você é pago para fazer e não para pensar", que se instalou na empresa como uma doença crônica. Não conseguimos mudar essa crença, principalmente nos níveis intermediários. Ela nos levou a ter uma área de Planejamento Estratégico que age de forma separada de quem vai executar, conduta que nos direciona a um processo elitista de planejamento, ou seja, nós não vemos a execução como parte da estratégia.

A segunda crença é simbolizada por outro ditado: "Cada macaco no seu galho". Essa visão fragmentada dificulta muito a execução, pois uma área depende da outra. Mesmo que cada uma cumpra a sua parte, sem integração o encaixe das coisas fundamentais acaba não ocorrendo no tempo necessário.

– Entenderam agora porque, enquanto não mudarem algumas crenças, vocês não vão conseguir um nível melhor de execução? – pareciam perguntar, a uma só vez, os gurus.

– Execução é apenas um sintoma. A causa do problema é muito mais profunda – comentou nosso Diretor de RH.

– Resistência à mudança também é outro sintoma – pensou em voz alta a nossa jovem gerente.

– Não podemos mais ficar reféns do fantasma da "resistência à mudança" – disse o DRH, aproveitando o gancho. – O baixo nível de implementação das estratégias precisa ser enfrentado na sua origem, como acabamos de aprender. Temos de atacar as crenças que nos impedem de ter uma postura mais assertiva.

Todos pareciam concordar. E continuou:

– As empresas têm de mudar continuamente, de forma proativa, e implementar as mudanças necessárias, isto é, pôr em prática as estratégias planejadas. Não há escolha nesse assunto. Não podem mais se dar ao luxo de perder tempo pela execução ineficiente e ficar apenas seguindo as regras de mercado e espreitando os concorrentes para montar as suas estratégias, sem a certeza de que sairão do papel.

O nosso Presidente aproveitou para lançar mais uma de suas frases eloquentes:

– O futuro não oferecerá um lugar de honra no pódio a imitadores e seguidores de regras, nem a quem se agarra a determinado ângulo no jogo da competição e maximiza seu retorno a partir dessa posição.

E prosseguiu dizendo que as empresas vencedoras serão as "quebradoras de regras", que se transformam, em um segundo momento, nas "fazedoras de regras" por excelência.

O Diretor de Logística retrucou que há exemplos bem-sucedidos de empresas seguidoras de regras que desenvolveram estratégias adaptadoras.

"Dificilmente elas terão vida longa se conservarem essa prática como único *script*" – era o que se podia ler na expressão dos sábios.

Atentos ao fato de que é preciso oferecer seus produtos e serviços de modo a assegurar uma vantagem competitiva, começamos a compreender que as NeoEmpresas criam vantagens competitivas de forma ininterrupta, muitas vezes até erodindo algumas de suas próprias vantagens para competir melhor. Elas mudam a base da competição no setor como um todo. Pioneiras, não se satisfazem simplesmente em atender a expectativas, mas procuram criá-las; não fazem apenas o que

SEGUNDO ATO UM TREM-BALA NA MONTANHA-RUSSA

os clientes desejam, mas fazem o que de fato eles precisam, educando-
-os para perceberem essa diferença.

– Como, então, as NeoEmpresas definem o rumo e elaboram suas estratégias? – perguntou o Presidente.

– Acho que já localizamos uma característica importante da NeoEmpresa – fiz questão de salientar. – Ela valoriza o sonho como a primeira etapa do Planejamento Estratégico.

Os participantes da reunião sugeriram que eu estava tirando conclusões precipitadas. Após um intenso debate, elaboramos uma lista com ações que algumas empresas já realizam, ainda que timidamente, para a construção de estratégias mais eficazes:

1. Constroem, antes de mais nada, **Causas** para a empresa e para cada equipe. Indicam um rumo claro, um "porto de chegada", dando significado à vida das pessoas que nela trabalham. Constroem algo que transcende o dia a dia, o *job description*, a missão e a visão, conceitos tradicionais da Era do *Management*. Convém destacar, porém, que são causas com Relevância. Pouco adianta apresentar uma bela Causa se ela não tiver importância para as pessoas.
2. Viabilizam a realização de sonhos dos seus clientes por intermédio de um modelo de negócios com soluções integradas, em vez de apenas vender pacotes de produtos e serviços.
3. Criam valor para toda a rede, não apenas para os acionistas, e assim desenvolvem todo o setor visando à autossustentação do negócio, mediante um "mapa de geração de valor".
4. Praticam a cocriação, isto é, integram os Clientes, os Colaboradores, os Parceiros e demais entidades relevantes nas decisões estratégicas das empresas, em vez de apenas buscá-los para executar decisões já tomadas.

5 Buscam o que parece impensável para os estrategistas aprisionados pelo modelo mental do *Management* tradicional: alta diferenciação de produtos e serviços com menor custo e melhor preço.
6 Imprimem uma velocidade de resposta que surpreende sempre seus competidores e encanta os clientes, por serem tão ágeis quanto a própria mudança.
7 Cooperam entre si, desenvolvendo alianças estratégicas sinérgicas e complementares.
8 Reinvestem seus resultados, criando riqueza onde operam.
9 "Juntam o injuntável", compatibilizando aparentes paradoxos que foram impostos pelo velho modelo mental da fragmentação. Harmonizam, assim, os falsos dilemas: o tangível *e* o intangível, a estratégia sofisticada *e* a eficiência operacional; o curto prazo *e* o longo prazo. Fora isso, equilibram as tensões entre o que não podemos dispensar e o que devemos renovar, entre a continuidade e a mudança, entre o eterno e o moderno, entre o essencial e o mutável.

– Mas já aprendemos que a estratégia NÃO é tudo! – sublinhou o Diretor de Logística, relembrando a verdadeira sabatina pela qual passáramos cerca de uma hora antes. E foi enumerando as sucessivas dificuldades encontradas por nós na hora da implementação.

Lembramos a explicação, sempre enfatizada pelo Professor, para as falhas ao tirar as estratégias do papel. Ele sempre insistia que o paradigma do *Management* tradicional, baseado nos princípios da especialização e da divisão funcional do trabalho e na fragmentação decorrente, separou o pensar do fazer e o planejamento da ação, como nós já havíamos apontado. Essa forma de pensar ensinou os atuais dirigentes a concentrar seus esforços no desenho de estratégias empresariais sofisticadas, capazes de enfrentar os complexos desafios do cenário corporativo.

Consequentemente, definir a estratégia passou a ser percebida como a tarefa número um e mais nobre do principal dirigente de qualquer empresa ou de uma assessoria especializada na forma de um departamento, uma espécie de apêndice organizacional responsável pelo "Planejamento Estratégico". Criou-se, então, uma casta de visionários, bem-dotados e bem informados. Essas mentes privilegiadas seriam capazes de conceber o futuro para que os outros, a grande maioria, fossem encarregados da execução e de transformar o futuro imaginado em realidade.

– Vocês alguma vez acreditaram que essa separação entre o planejamento e a ação daria certo? – era como se os notáveis perguntassem.

"Claro que não funcionou, nem vai funcionar. Isso parece tão óbvio, por que será que a maioria das empresas continua utilizando o mesmo modelo para desenhar suas estratégias brilhantes que teimam em não sair do papel?", pensei. E comentei em voz alta:

– O cemitério corporativo está cheio de empresas que desapareceram antes que suas visões fossem implementadas.

Chegamos ao consenso de que é a execução, não a estratégia em si, o que diferencia os vencedores dos perdedores. Daí adicionamos esse componente fundamental da construção da estratégia nas NeoEmpresas.

O décimo item da lista de ações das empresas não mais aprisionadas aos dogmas obsoletos da Era do *Management* é:

10 Execução. Não é algo que ocorra depois de definida a estratégia. Deve ser considerada parte integrante da estratégia e de seus objetivos, elemento importante da cultura da empresa. Praticada com muita disciplina, precisa ser percebida como um sistema e como uma tarefa importante de todos os responsáveis por um centro de resultados, e não como o privilégio de uns poucos no topo da empresa, que sempre consideraram a execução uma etapa posterior do Planejamento Estratégico.

Ao encerrarmos as discussões, concluímos que essas práticas apontadas não esgotam o arsenal utilizado pelas NeoEmpresas na construção das suas estratégias, mas já sinalizam o novo rumo adotado por elas.

– Já que estamos encerrando nossa conversa sobre o binômio estratégia-execução, duas faces da mesma moeda, gostaria de fazer outra pergunta. Não precisam responder agora, mas pensem a esse respeito, pois podemos utilizar o mesmo método para refletir sobre outros desafios da empresa – sugeriu o Presidente, olhando sorrateiramente para os gurus. – Qual prática de gestão mais afugenta os bons clientes da nossa empresa?

– Eu gostaria de fazer uma pergunta complementar: qual prática de gestão mais afasta os funcionários talentosos da sua empresa? – provocou um deles.

Mais uma vez ficamos reféns de um silêncio perturbador!

Lembrei-me de mais uma ressalva feita certa vez por Drucker: "O planejamento não direciona o futuro. Qualquer tentativa de fazer isso será em vão; o futuro é imprevisível. Diante de incertezas, o planejamento define o lugar específico em que você deseja estar e como pretende chegar lá!"

Sorrimos, de algum modo aliviados por não ter de responder àquelas perguntas instigantes naquele momento.

Satisfeito com a conversa daquele dia, o Presidente sugeriu um *hammam*: banho turco a vapor, seguido de esfoliação da pele com uma escova para remoção de células mortas, aplicação de uma espécie de lama medicinal e, no final, uma relaxante massagem com óleo. Como existem instalações reservadas apenas a mulheres, a nossa jovem gerente para lá se dirigiu, sem pestanejar. Os outros dois colegas não aceitaram bem a ideia, alegando preferir ir descansar nos seus aposentos. Eu repeti a dose, pois já havia experimentado aquela *dica* dada pelo recepcionista do hotel, que sempre se mostrou muito solícito com o nosso grupo de hóspedes e havia me garantido que o *hammam* tem efeito rejuvenescedor.

CAPÍTULO 7 **O CLIENTE NO CENTRO DO ORGANOGRAMA**

Havia algo diferente no ar. Uma espécie de agitação tomava conta dos habitantes de Malatya naquela manhã. Durante minha caminhada observei nos mercados e nas praças grupos falando em voz alta e gesticulando intensamente. Como eu gostaria de ter entendido o conteúdo daquelas conversas acaloradas! Infelizmente, porém, meus conhecimentos da língua turca se limitavam aos básicos bom-dia (*günaın*) e muito grato (*tesekür ederim*).

Quando retornei ao hotel, o porteiro logo desvendou a charada: naquele dia haveria uma partida decisiva entre dois importantes times de futebol, o Besiktas (Águias Negras) e o Fenerbahce (Canários Amarelos), que foi dirigido por Zico, ex-jogador do Flamengo e da Seleção Brasileira e maior artilheiro da história do estádio do Maracanã, no Rio de Janeiro. Soube, também, que os turcos adoram futebol e me lembrei de que chegaram a conquistar o terceiro lugar no Mundial de 2002. O porteiro ainda revelou que torcia pelo Galatasaray, o time que, embora de maior torcida no país, dessa vez estava fora da final do campeonato disputada naquela noite.

Estava pensando nessa surpreendente semelhança com uma das grandes paixões da população brasileira, quando avistei o nosso

SEGUNDO ATO **UM TREM-BALA NA MONTANHA-RUSSA**

Presidente atravessando o *lobby* do hotel. Ele vinha na minha direção com a cara fechada e balançando a cabeça.

– Você tem certeza de que está liderando mesmo sua equipe? – provocou-me, sem me dar sequer o cordial bom-dia. Fiquei surpreso. Não sabia aonde ele pretendia chegar, menos ainda o que responder.

– Acabo de ler uma mensagem na minha caixa de e-mails informando que o seu gerente de vendas não fez o que foi combinado e acabou criando um problema grave com um dos nossos principais clientes. O prejuízo é grande, podemos perder o cliente.

Tive a impressão de que o chão se abria. O gerente, que supostamente deveria ser o meu braço direito, meu homem de confiança, não me avisara de nada.

Liguei para alguns funcionários, que me relataram as medidas adotadas pelo gerente. O meu suposto braço direito levara a equipe a crer que suas ações contavam com o meu apoio. Não tive dúvidas: o sujeito estava querendo me derrubar.

Passei e-mails para os demais departamentos da empresa envolvidos no atendimento a esse grande cliente solicitando sua versão dos fatos. Orientei-os a não tomar nenhuma ação a esse respeito sem antes me consultarem. Liguei para o cliente, desculpando-me pelo mal-entendido e me comprometendo a tomar as devidas providências para corrigir a situação.

Fiz o que era possível e me arrumei para a reunião daquele dia.

Quando finalmente cheguei à sala, todos já ocupavam seus lugares: o pessoal da empresa e os sábios. Observei que entre eles havia uma figura a mais. Frederick Taylor havia se "juntado" ao grupo. Como estaria se sentindo o pai da Administração Científica pela possibilidade de avaliar um cenário tão díspar do que inspirou suas reflexões no início do século passado?

Como de costume, o Presidente já havia iniciado as atividades:

– Sabemos que a NeoEmpresa é multicentrada e que um dos seus epicentros está localizado justamente na relação com os seus clientes – fez uma pausa e olhou na minha direção.

Engoli em seco e devolvi o olhar, tentando tranquilizá-lo. Era como se dissesse: "Já tomei as primeiras providências; hoje mesmo daremos um jeito na situação".

– A empresa deve estar voltada para o cliente – retomou o chefe.
– Isso não é nenhuma novidade, cansamos de ouvir essa recomendação. Mas, na prática, apenas alguns dos nossos colaboradores a seguem à risca. Principalmente se são vendedores ou da área de marketing. A grande maioria das pessoas dentro das empresas continua com o foco no produto, na tecnologia, no processo, na norma interna e no sistema.

O DRH corroborou a análise feita pelo Presidente citando uma pesquisa com 1065 executivos e dirigentes das maiores empresas brasileiras. Os três principais desafios indicados no que se refere à Gestão de Clientes são: (1) construir uma cultura em que toda a empresa esteja voltada para o cliente (58%); (2) entender com maior profundidade as necessidades e desejos dos clientes (39%); e (3) gerar mais valor para os clientes sem aumentar os custos (32%).

– O modelo mental predominante tem levado a situações críticas que se repetem – relacionou nosso Presidente, – como alta inadimplência, reclamações, perda de fatia de mercado, conflitos com pontos de venda, dificuldades com distribuidores que são tratados como meros canais em vez de parceiros, falta de alinhamento com terceirizados, entre outras.

E concluiu sua provocação, dizendo:

– A realidade, meus senhores, é que o poder está migrando, a passos largos, das mãos da empresa para as mãos do cliente. Isso também não é nenhuma novidade. O que irrita é que, apesar de já sabermos disso, insistimos em ignorar essa realidade.

O comentário mobilizou os pensadores, que manifestaram o desejo de conhecer melhor as mudanças em curso na postura dos clientes.

— A globalização e a tecnologia digital provocaram modificações radicais na motivação e na forma pelas quais as pessoas fazem compras e desfrutam de produtos e serviços — apressou-se a dizer o Diretor de Logística.

— Os consumidores estão muito mais exigentes e conscientes sobre custos, preços, prazos e qualidade — comentou a Gerente Financeira. — Não se contentam "apenas" com um bom produto, como no passado, mas querem um pacote de conveniências que atenda ao conjunto de suas necessidades. Exigem serviços integrados, como uma distribuição que coloque os bens de consumo ao alcance de suas mãos ou na porta de suas casas, no momento e na qualidade desejados.

Depois, ela apresentou um exemplo: as pessoas não se satisfazem mais com um automóvel de boa qualidade. Escolhem determinada marca em função de um pacote de conveniências que inclui financiamento, seguro, garantia, assistência técnica e o carro, propriamente dito, cuja imagem esperam que esteja associada àquela que desejam projetar. Sem falar no compromisso do fabricante com o meio ambiente.

— Essa é a essência da Era do Intangível e da sociedade de serviços, que já não aceita apenas o produto tangível. Quer também o significado simbólico intangível desse produto como seu objetivo máximo — completou o DRH. — As empresas precisam se conectar com a imaginação e os sonhos de seus clientes para que possam surpreendê-los e fidelizá-los.

E assim passamos a manhã debatendo a nova postura dos consumidores.

De olho nas mensagens que chegavam continuamente pela internet e me esforçando para cumprir o papel de relator do encontro, dessa vez não consegui me concentrar na discussão como gostaria. Mesmo assim, dei uma contribuição:

– Saímos da época em que os custos definiam os preços para uma em que os preços definem os custos. Em vez de fazer lucros usando um percentual em cima de custos ineficientes de produção, as empresas agora definem o que podem gastar a partir do preço que seus clientes estão dispostos a pagar pelos seus produtos e serviços.

Os pensadores se voltaram para nós e pediram um tempo para conversar entre si sobre as mudanças em curso na postura dos clientes. Percebi que desejavam ter a oportunidade de digerir melhor todas aquelas informações.

Como já havíamos atingido o horário da pausa para o almoço, combinamos de retomar as atividades uma hora mais tarde do que o programado inicialmente. O intervalo seria providencial. A chance de que eu precisava para fazer os contatos telefônicos que faltavam, concluir o levantamento sobre o lamentável episódio com o gerente de vendas e levar o resultado ao Presidente da empresa.

O almoço foi servido ali mesmo: salada mista com diversos legumes, acompanhada de um suculento *kebab* de carneiro, acompanhado de grão-de-bico e berinjela.

Terminada a refeição, os sábios se reuniram num local à parte enquanto eu me concentrei na tarefa de administrar o problema causado pelo meu subordinado. Conversei com o cliente, acertei as novas condições. E, munido das informações mais contundentes que consegui apurar, procurei o Presidente e disse que pretendia recomendar a demissão do gerente.

Ele contra-argumentou dizendo que o rapaz entregava os resultados combinados e talvez merecesse uma segunda chance. Respondi, então, que podemos dar chances a quem tem problemas de desempenho, mas não podemos ser complacentes com pessoas que manifestam problemas de valores e de atitudes.

– Além de tudo esse rapaz prejudicou o cliente e a confiança que tinha em nossa empresa. Não tenho como continuar com ele em minha equipe, seria um péssimo exemplo para todos. Infelizmente somos muito rápidos em admitir pessoas e lentos demais na hora de demiti-las. Temos de fazer exatamente o contrário, gastar mais tempo avaliando se admitimos uma pessoa e resolver as demissões sem procrastinar decisões.

Essa argumentação foi tiro e queda. Ele apenas me disse:

– Confio na sua capacidade de julgamento.

Quando voltamos todos a nos reunir, mais tarde, sentia como se um peso enorme tivesse saído das minhas costas.

Resolvi, então, voltar ao assunto, recordando algumas lições de Philip Kotler, o renomado guru em marketing. Para ele, a primeira tarefa de uma empresa é definir seus clientes-alvo, o que requer uma visão abrangente do processo de compra. "A compra de qualquer coisa é o resultado de várias funções que entram em jogo. O iniciador pode ser um amigo da família que mencionou um carro novo impressionante. O filho adolescente pode ser um influenciador do tipo de carro a ser considerado. O tomador de decisão pode ser a esposa. O comprador pode ser o marido."

Ainda segundo Kotler, é preciso conhecer quem influencia o cliente e o que ele valoriza para lhe proporcionar experiências altamente satisfatórias. "Os clientes de hoje cada vez mais compram com base no valor e não no relacionamento."

– Quem dita as cartas, portanto, é o valor percebido – afirmei. – A complexidade é que uma instituição tem vários clientes, com perspectivas diferentes de valor. No caso de uma escola, temos os alunos, os professores, os funcionários, os pais e os familiares, a comunidade e os investidores, cada um com sua percepção de valor.

Os sábios pareciam acolher bem esse comentário, mas preferiram não estender essa discussão. Deram a entender que o diagnóstico já estava feito. Faltava agora encontrar o tratamento. E começaram a nos bombardear com novas perguntas:

– Como a empresa pode atender melhor seus clientes? Qual é o caminho para as que não podem competir em custos baixos? Quais os diferentes grupos de NeoConsumidores? Como formatar produtos e ofertas para eles? Como fidelizar esses novos tipos de clientes?

Nossas opiniões foram pipocando, uma atrás da outra, e suscitaram um rico debate. Depois formulamos as seguintes proposições:

- Para atender melhor, a empresa precisa "entrar no imaginário" dos clientes, entendê-los para poder realizar seus sonhos.
- Quem não pode competir em custos baixos precisa, urgentemente, adotar o caminho da diferenciação de produtos, serviços e da relação com seus clientes. É preferível centrar o foco das atenções mais nos clientes a desperdiçar energia bisbilhotando a vida dos competidores.
- Clientes não são estáticos, mas alvos móveis. Mudam muito de expectativas, necessidades, desejos e sonhos.
- Clientes tenderão a interferir muito mais na criação, desenho e comercialização de produtos, sendo bem mais ativos que no passado. Adicionalmente, as redes sociais constituem verdadeiros Serviços de Apoio ao Consumidor (SACs) não controlados pela empresa.
- Precisamos compreender melhor os diferentes grupos de NeoConsumidores: os emergentes das classes C, D e E, os jovens da Geração Y, os sessentões, o crescente poder aquisitivo das mulheres e

os mercados regionais fora dos tradicionais grandes centros de consumo.
- É preciso mudar a forma de pensar e criar de fato uma "Cultura de Clientividade", entendida como a arte de surpreender os clientes, encantando-os com produtos e serviços fundamentalmente novos e diferenciados.

A essa altura, o DRH fez uma ressalva:

– Não se trata de satisfazer ou de apenas superar as expectativas dos consumidores. Atender e superar suas expectativas reflete ainda uma postura cartesiana na relação com o cliente. Trata-se, e o que vou dizer também não é mais novidade, de surpreendê-lo!

A Gerente Financeira citou, então, Steve Jobs, o criativo fundador da Apple, que revolucionou nosso cotidiano ao inventar produtos como o iPod, o iPhone e o iPad:

– Ele dizia que é "necessário educar o mercado com respeito aos benefícios resultantes da posse". Isso significa entrar no imaginário do cliente para conhecer, não o que ele deseja, mas o que necessita e talvez ainda nem saiba. Um dos mantras de Jobs ao criar novos produtos era não fazer pesquisa de mercado – acrescentou a jovem gerente. – Ele costumava dizer: "Como é que eu posso perguntar às pessoas como um computador baseado em uma interface gráfica deveria ser quando elas não têm a menor ideia do que seja um computador baseado em uma interface gráfica?"

Acrescentei que, se a empresa fizer apenas o que o cliente pede ou quer, surge o risco de aparecer um concorrente, surpreendê-lo e conquistá-lo antes:

– As empresas precisam customizar cada transação com seus clientes e abordá-los com o mesmo entusiasmo da primeira vez, para que não seja a última. Só assim conseguirão cativá-los e fidelizá-los.

A NEOEMPRESA

Esse raciocínio nos conduziu à resposta para a pergunta sobre o segredo do sucesso na relação com os clientes: ele reside mais em certas posturas e atitudes e menos em técnicas mirabolantes de marketing.

– As empresas bem-sucedidas se diferenciam pelo modelo mental que coloca o cliente no centro da sua estratégia e não "do lado de fora da empresa", como a grande maioria ainda faz – salientou a Gerente Financeira.

Animados com o produto de nossas reflexões, os gurus nos encorajaram a nos deter um pouco mais sobre essas ideias. Resolvemos, então, aprofundar a conversa sobre o conceito de Clientividade – lançado em 1998, mas pouco praticado até hoje – e identificar os seus pressupostos básicos:

1 Os Clientes não compram produtos, compram a realização de sonhos. O grau de sucesso das empresas será diretamente proporcional à sua capacidade de surpreender e encantar seus Clientes, realizando seus sonhos e desejos mais íntimos – e não simplesmente atendendo às suas expectativas sobre produtos e serviços.

2 Cada Cliente é um vendedor e não apenas um comprador. Erram as empresas que consideram o Cliente um mero comprador de produtos e serviços. O Cliente feliz é o melhor vendedor de uma empresa. Essa postura economiza em publicidade, pois essa é gratuita. Aliás, um dos objetivos de praticar a *Clientividade* é transformar cada Cliente em um vendedor ativo. Mas nunca é demais lembrar: o Cliente só vende aquilo que o surpreende. Por exemplo, o hóspede de um hotel não sai por aí alardeando que o estabelecimento tem camas, televisão no quarto ou pessoal cortês. Isso é obrigação! Eles se tornam vendedores quando falam dos momentos mágicos que viveram lá.

3 Todos os colaboradores de uma empresa são vendedores.
Nada mais errado que considerar a atividade de venda tarefa exclusiva do pessoal da área comercial. Vendas são desfeitas e Clientes perdidos muitas vezes pelo atendimento inadequado de funcionários que não estão no balcão e não se julgam com a responsabilidade de satisfazer Clientes. A Clientividade é missão de TODOS em uma empresa.

A reflexão nos fez entender que o conceito de Clientividade também é legítimo no nível pessoal. As carreiras também estão em processo de reinvenção, por isso vale a pena focar os esforços em criar oportunidades em vez de se limitar a acompanhar as que existem no mercado de trabalho. Soava como um alerta: é mais relevante praticar a Clientividade do que se preocupar com a empregabilidade, isto é, as pessoas precisam se habituar a procurar mais por Clientes e menos por empregos.

O DRH reforçou a necessidade de cuidar da carreira como um negócio, mesmo que a pessoa decida continuar na folha de pagamentos da empresa. Lembrou, porém, que nesse caso é necessário desenvolver a postura de Clientividade interna.

Fiz questão de destacar que a postura de Clientividade interna se estende, inclusive, aos profissionais que trabalham nas tradicionais áreas funcionais (como suprimentos, contabilidade, setor de pessoal, serviços gerais, entre outros):

– Esses profissionais possuem clientes internos e devem se posicionar como prestadores de serviços. Assim, não basta apenas satisfazer, mas também surpreender seus clientes: os executivos da linha de frente que respondem por centros de resultado em suas respectivas empresas. – E, olhando diretamente para o meu chefe, disse em alto e bom som: – Trate seu chefe como um cliente que tem necessidades a serem atendidas.

A NEOEMPRESA

Com a percepção aguçada pelas sucessivas provocações e perguntas trazidas pelos sábios, conseguimos alinhavar as práticas das NeoEmpresas baseadas na Clientividade. São as seguintes:

1 Colocam o Cliente no centro do organograma. Cuidam dele e não apenas do produto.
2 Transformam Clientes em "apóstolos". Conquistam fãs em vez de clientes, pois conhecem a sua alma, entram no seu imaginário, sabem quais são seus sonhos e antecipam seus desejos.
3 Vendem o tangível e o intangível (o não produto): confiança, credibilidade, transparência, personalização e flexibilidade.
4 Antecipam as necessidades do Cliente e o educam para o que necessita, não fazendo apenas o que ele deseja.
5 Entendem, atendem, oferecem, segmentam, conhecem e customizam, ao contrário da sequência tradicional que primeiro oferece para depois atender e só então entender.
6 Estabelecem pontos de compra (PDCs) e não pontos de venda (PDVs).
7 Transformam canais de distribuição em parceiros integrados, em vez de apenas tratá-los como meros canais.
8 Encantam Talentos para encantar Clientes, pois sabem que não existe cliente encantado em empresa com talentos infelizes.
9 Oferecem soluções integradas a seus Clientes, em vez de apenas produtos.
10 Usam a tecnologia como recurso para facilitar a vida dos Clientes e não para impor normas unidirecionais.
11 Motivam TODOS na empresa, do porteiro ao Presidente, a ser responsáveis pelo relacionamento com os Clientes.

SEGUNDO ATO **UM TREM-BALA NA MONTANHA-RUSSA**

Algumas empresas podem até praticar algumas dessas ideias de forma isolada, mas raras são as que as praticam de forma articulada e integrada como uma proposta de valor para seus clientes.

Resolvi, então, arriscar uma frase de efeito, que mereceu o aplauso de todos:

– As NeoEmpresas se estruturam com base em *clientograma*s e não em organogramas!

Mal acreditei em tudo o que havíamos produzido ao longo daquela tarde. Consultei minhas anotações e, antes do encerramento da reunião, achei por bem fazer um resumo das principais ideias apresentadas:

– As empresas que vão além do encantamento são as que percebem que a verdadeira revolução invisível provocada pela mudança na postura dos clientes as coloca de frente, não de um problema, mas de uma grande oportunidade de reinventar essa relação – arrisquei. – Essa reinvenção pode começar com uma coisa simples de dizer, porém difícil de fazer: **vestir a camisa dos clientes**. Essa é a melhor forma de vestir a camisa da empresa! E o primeiro passo para transformá-los em fãs e "apóstolos" de sua marca, produtos e serviços.

Os olhos do Presidente brilharam quando eu afirmei que vestir a camisa dos clientes é a melhor maneira de vestir a camisa da empresa. Minha colega Gerente Financeira sorriu e o DRH me deu um tapinha nas costas.

"Nada mal para um dia que começou tão desastroso", pensei com os meus botões.

Antes de voltar ao quarto, perguntei ao porteiro do hotel se a partida de futebol já havia começado e se haveria transmissão pela TV. Ele me disse que começaria dentro de alguns minutos e me orientou quanto ao canal que eu deveria sintonizar. Faltava apenas decidir pelo Besiktas ou pelo Fenerbahce. Por qual dos times eu iria torcer?

CAPÍTULO 8 PESSOAS TRATADAS COMO PESSOAS, NÃO COMO CARGOS

Eram 4h da manhã na Turquia quando fui acordado pelo celular. Atendi e percebi a voz bastante tensa da mulher com quem eu me casara, tivera um filho e da qual me divorciara há bastante tempo. Meia-noite no Brasil. Boa coisa não devia ser.

– Nosso filho sumiu – disse num fôlego só. E desatou a chorar: – Ele foi a um aniversário. Ficou de voltar de carona com a mãe de um amigo, mas não voltou até agora.

Ela deu um suspiro e falou:

– Eu cheguei há mais de uma hora e nem sinal dele. Ligo no celular, só dá caixa postal.

E antes que eu tivesse qualquer reação ela continuou:

– E agora, o que eu faço? Ligo para a polícia? Para os hospitais? Onde pode estar um garoto de 13 anos a essa hora?

– Não deve ter acontecido nada grave – tentei tranquilizá-la.

– Tem mais uma coisa que você precisa saber – disse como se fosse anunciar uma tragédia. – Eu acho que pode ter sido um sequestro – e se pôs a chorar copiosamente. – Alguma coisa grave aconteceu, pois nosso filho sempre avisa aonde vai – acrescentou, para em seguida implorar auxílio: – Por favor, faça alguma coisa. Eu quero meu filho de volta. Desde que você saiu de casa os problemas se multiplicam – acrescentou em um tom que conheço muito bem.

Percebi que não fazia mais sentido ficar ali, preocupado com as questões da empresa, enquanto tamanha crise envolvia meu filho. Decidi que era hora de voltar. Se fosse preciso negociar com sequestradores, eu estaria lá para isso.

Arrumei minha mala e meus documentos, esperei um pouco, às 6h liguei para o apartamento do Presidente e o coloquei a par da situação. Avisei que eu pretendia voltar para o Brasil no primeiro voo.

Ele deu alguns telefonemas e na sequência a empresa já colocou um advogado de plantão e o chefe da segurança da empresa para acompanhar o caso.

O próximo voo direto para o Brasil só sairia de Istambul naquela tarde. Olhava os ponteiros do relógio. As horas não passavam. Não havia clima para participar da atividade daquela manhã. Sugeri que eles prosseguissem as conversas com os gurus sem mim.

Depois de quase seis horas de tensão, as mais longas de minha vida, um telefonema pôs fim ao sofrimento. Eram 10h e eu já me preparava para ir ao aeroporto. Meu filho estava bem!

Ele pegara carona com o pai de um colega novo da classe, mas em vez de ir para casa decidira aceitar o convite para assistir ao mais novo episódio de uma série popular entre os adolescentes, que o colega acabara de baixar no computador. Mas se distraiu, não percebeu o tempo passar e acabou adormecendo na poltrona do quarto do colega. Só foi acordar no dia seguinte, quase às 6h da manhã no Brasil. Então percebeu que seu celular estava sem bateria. Pediu emprestado o telefone do colega e ligou para a mãe.

No entanto, alívio mesmo eu só fui sentir depois de conversar com o rapaz pela *webcam*. Chamei sua atenção por nos deixar tanto tempo sem notícias. Mas no fundo eu queria mesmo era poder abraçá-lo. Ainda bem que tudo não passou de um susto. Um grande susto!

Terminadas aquelas horas de agonia, eu me sentia esgotado. Troquei de roupa e fui ao encontro dos meus colegas de empresa com os notáveis.

Cumprimentei a todos rapidamente. Além de Taylor e Ansoff, também estavam presentes Henri Fayol, Abraham Maslow e Mary Parker Follett. Drucker não comparecera naquele dia.

Ouvi um breve relato sobre o progresso daquela manhã enquanto eu estivera ausente. Dessa vez, quem tinha aberto os trabalhos foi o DRH. Ele apresentou outros dados da pesquisa com dirigentes do primeiro escalão de 1065 empresas. À pergunta "Qual é o principal desafio para a execução das estratégias empresariais" 48% responderam comprometer todos os colaboradores com as decisões estratégicas, 35% disseram ter pessoas com espírito realizador e 34% afirmaram engajar pessoas com espírito de "donos do negócio" e não meros empregados.

- A Gestão de Pessoas não é apenas um dos três maiores desafios apontados pelos empresários. Pessoas *são* os três desafios! - enfatizou o DRH.

- Se hoje essa variável já é crítica, a tendência é que venha a se agravar no futuro próximo - registrou a jovem gerente. - Com a facilidade de acesso a tecnologia, capital, informação, recursos naturais e a outras fontes de competitividade, o que tem diferenciado as empresas vencedoras de seus competidores tem sido, cada vez mais, a qualidade de seus talentos humanos. A Gestão de Pessoas passou a ser a grande vantagem competitiva.

Bebeu um gole de água e prosseguiu o relato:

- Assim como os times de futebol têm dificuldade em manter seus melhores jogadores, as empresas também terão dificuldade crescente em atrair e reter os talentos da próxima geração, pois esses possuem valores e atitudes muito diferentes sobre o trabalho e a vida em geral.

E, antes de passar a palavra aos gurus, fez um comentário melancólico:

– Temos fracassado em obter o melhor das pessoas. Em nossa empresa devemos usar apenas cerca de 40% do nosso potencial humano.

Os pensadores pediram, então, que relacionássemos as novas circunstâncias do mundo que estão causando transformações profundas na natureza do trabalho.

– O movimento intenso de consolidação, fusão e aquisição de empresas em diversos setores – fui o primeiro a dizer. – Isso é fonte constante de tensões e conflitos quando culturas diferentes são unidas sem o devido preparo.

– Dispersão geográfica de atividades das empresas por meio de internacionalização, regionalização e diversificação das tarefas e a consequente necessidade de coordenar o trabalho de pessoas de culturas, valores e hábitos distintos – lembrou o Diretor de Logística.

– Aumento das práticas de trabalho a distância (acesso remoto de hotéis, residências e em trânsito), que tem forçado a extensão das "paredes" da empresa – pontuou o DRH.

– Surgimento da figura do "Funcionário 2.0", o tipo de colaborador virtual/digital, que utiliza ferramentas (*blogs*, fóruns, sites, comunidades) para gerar mídia, ganhar poder, compartilhar questões e experiências, expressar opiniões e interagir com outros colaboradores antes inacessíveis – adicionou a Gerente Financeira.

– Fora isso, o comércio eletrônico modificou os conceitos de tempo e de lugar, e os ciclos de vida dos produtos e das empresas estão cada vez mais comprimidos e reduzidos – completei.

– Esse novo contexto tem exercido um tremendo impacto sobre a Gestão de Pessoas, as práticas de motivação nas empresas e a maneira como os profissionais conduzirão suas carreiras daqui para a frente – arrematou o Presidente.

Nesse instante, observei Henri Fayol atentamente. Ele havia sido um dos primeiros pensadores a definir as atividades do gestor e a sublinhar a necessidade de cultivar as qualidades da liderança.

Perguntei se, pelas nossas observações, ele percebia o mundo mais volátil, não só como fruto de macrofatores, em especial a globalização e a revolução tecnológica, mas também pelo próprio sistema de valores que vive uma profunda transformação.

O DRH nem deu tempo a ele de responder:

– Parecem desmoronar conhecidas verdades sobre motivação no trabalho, lealdade, comprometimento e... sobre liderança!

Afirmou, em seguida, que a geração que desponta tem um conceito de autoridade bem diferente da geração anterior. O velho vínculo de trabalho consistia na troca da obediência e da lealdade pela segurança da garantia do emprego e da estabilidade. No entanto, a segunda crise do petróleo, que levou à demissão de um terço dos empregados das montadoras norte-americanas, rasgou o "contrato" que prevalecia desde a criação do emprego formal, em 1898. A partir do final da década de 1970, por meio dos programas de reengenharia, a indústria automobilística começou fazendo *downsizing* no tamanho dos carros para depois fazer o mesmo nas estruturas. Desde então, o contrato de estabilidade do trabalho começou a se deteriorar e não será mais um instrumento útil para os talentos do futuro.

– O próprio conceito de lealdade mudou muito – acentuou a Gerente Financeira. – A lealdade será mais a si próprio e à sua carreira. Não mais ao chefe nem à empresa.

SEGUNDO ATO UM TREM-BALA NA MONTANHA-RUSSA

– Essa nova geração é menos identificada com qualquer empresa específica – comentei. – Seus integrantes pensam mais como profissionais independentes que possuem empregabilidade e podem se mover no mercado com velocidade proporcional ao seu talento.

Segundo o DRH, essa mobilidade é fruto da democratização dos meios de produção viabilizada pela revolução tecnológica. Um número crescente de pessoas passou a ter acesso aos instrumentos de trabalho sem ter de depender de uma grande empresa.

– O atual dono dos meios de produção não é mais o proprietário da terra, das máquinas ou do capital, mas quem detém o conhecimento e demonstra capacidade de rápida aprendizagem – salientou nosso homem de RH. – O binômio conhecimento/autoaprendizagem é cada vez mais portátil e migra com quem tem a capacidade de criá-lo.

Nesse momento tive um estalo. Pedi licença para propor um exercício aos participantes da reunião. Solicitei aos sábios que indicassem um princípio que orientou a Gestão de Pessoas na Era do *Management*. Caberia a nós, da empresa, apontar práticas atuais que o substituiriam. Assim, cada princípio antigo seria contraposto a um novo preceito.

Depois de uma rica e empolgante discussão, nossa lista chegou a nove itens. Estes são os princípios da Era do *Management* que estão sendo substituídos por novas práticas que caracterizam a gestão de pessoas na NeoEmpresa:

- **DA** gestão de cargos, procedimentos e sistemas **PARA** o empresariamento de pessoas.
- **DA** formação de gerentes **PARA** a "fábrica de líderes".
- **DO** quadro de funcionários **PARA** a rede de talentos.
- **DA** Gestão do Conhecimento **PARA** a Gestão da Aprendizagem.

- **DO** método de treinamento do "prato feito" **PARA** um método focado no autodesenvolvimento.
- **DE** "construtores de paredes" **PARA** "construtores de pontes".
- **DO** engajamento e comprometimento **PARA** o apaixonamento.
- **DO** conflito de gerações **PARA** a complementaridade dos saberes.
- **DO** RH como suporte à execução da estratégia **PARA** o RH como coautor da Estratégia Empresarial.

Organizei um resumo do que foi discutido sobre cada item.

1
DA GESTÃO DE CARGOS, PROCEDIMENTOS E SISTEMAS PARA O EMPRESARIAMENTO DE PESSOAS

APÓS A SEGUNDA GUERRA MUNDIAL, as autoridades militares norte-americanas solicitaram aos grandes empresários da época que contratassem os detentores de algumas patentes militares, pois o governo não tinha condições de mantê-los na sua folha de pagamento. O pedido foi atendido. Das 100 maiores empresas americanas do pós-guerra, cerca de 30 dirigentes da área de RH tinham passado militar.

Daí se originou a administração de cargos (não de pessoas) por meio de procedimentos e sistemas, inspirados no modelo militar. O funcionário era "enquadrado" conforme sua "patente" e recebia um cargo e o pacote de benefícios inerente, sem levar em conta suas peculiaridades e individualidades.

A Gestão de Pessoas por meio de processos e procedimentos exime o gestor de customizar salários, treinamento e avaliação de desempenho. O sistema se encarrega de fazer isso pelo chefe, já prevendo as competências e atribuições de cada cargo e o salário compatível com aquelas funções.

Esse modelo não se ajusta ao contexto de "montanha-russa" em que as empresas vivem hoje, no qual as pessoas terão de fazer "mais e melhor", diferentemente do atual "mais com menos". Na NeoEmpresa quem gerencia não é o sistema, mas o gestor. Vale ressaltar: ele gerencia pessoas, não administra cargos. Acompanha cada membro de sua equipe de maneira customizada, um a um. O novo líder aloca mais tempo para Pessoas, Clientes e Parceiros, em vez de gastá-lo em dezenas de reuniões internas e burocracias. A partir desse novo paradigma, a Gestão de Pessoas passa a ser missão de todos os líderes e gestores e não mais do RH.

2
DA FORMAÇÃO DE GERENTES
PARA A "FÁBRICA DE LÍDERES"

A PESQUISA APRESENTADA POR NOSSO DRH evidenciou um descompasso: 71% dos 1065 dirigentes garantiram taxativamente que suas empresas não dispõem de líderes na quantidade nem na qualidade necessárias para implementar suas estratégias de crescimento para os próximos anos. Ironicamente, isso acontece numa época em que são necessários líderes em quantidade e em qualidade muito maiores do que no passado. Em vez de poucos líderes no topo da pirâmide, as empresas competitivas passaram a necessitar de líderes em todos os níveis. Diga-se, de líderes eficazes – e não de gerentes eficientes – para empresariar produtos, áreas geográficas e projetos. Em outras palavras, as empresas precisam de mais empresariamento e menos gerenciamento.

Os gurus fizeram alguns comentários que nos levaram a entender que o NeoLíder deve ter características muito diferentes das apresentadas pelo líder da Era do Comando. Como ele poderia administrar situações mesmo quando não possui a autoridade formal sobre pessoas que não fazem parte do organograma das empresas?

Além disso, a tecnologia eletrônica está democratizando velozmente o acesso à informação e, consequentemente, o exercício da liderança. As relações se tornam instantâneas e menos hierárquicas. Presenciamos uma verdadeira "erosão eletrônica da liderança". Os gurus deram a impressão de ter ficado surpresos com essa expressão.

Concluímos que as empresas vencedoras serão as que souberem montar *fábricas de líderes eficazes* para criar o Capital Liderança e garantir a existência de sucessores (não apenas substitutos) em todos os níveis.

3
DO QUADRO DE FUNCIONÁRIOS
PARA A REDE DE TALENTOS

O CONCEITO DE CAPITAL INTELECTUAL das empresas também mudou. Resgatamos a ideia de que esse capital, desde longa data, é o "ativo que não aparece nos balanços" e enfatizamos a noção mais moderna de que o capital intelectual não se limita apenas aos recursos humanos *internos*, como no tempo dos gurus. Agora, o capital intelectual também está do "lado de fora", nas relações com Clientes, Distribuidores, Parceiros, Fornecedores, Investidores e a Comunidade.

Por essas razões, os responsáveis pelo patrimônio humano precisam ampliar o escopo de sua atuação para além das "paredes" das empresas. Os resultados de uma empresa estão mais nessas conectividades externas que nas complexidades internas. Provavelmente Drucker gostaria dessa formulação.

SEGUNDO ATO UM TREM-BALA NA MONTANHA-RUSSA

4
DA GESTÃO DO CONHECIMENTO
PARA A GESTÃO DA APRENDIZAGEM

O MODELO EFICAZ NA ERA INDUSTRIAL privilegiou o ensino na sala de aula, o foco na função, os funcionários como alvo dos programas e a aquisição de habilidades nem sempre vinculadas ao negócio, à estratégia e aos resultados desejados.

Necessitamos evoluir para um modelo em que a aprendizagem possa acontecer *em qualquer hora e lugar*, atenda às necessidades específicas do negócio e tenha como público-alvo também os fornecedores, clientes, investidores e demais integrantes da cadeia produtiva de valor para a empresa.

Falamos um pouco sobre a proliferação das Universidades Corporativas que consistiu numa clara e eficaz resposta concebida com sucesso pelos *experts* em Gestão do Conhecimento para enfrentar tal demanda. Mas é preciso dar um passo além. O desafio da NeoEmpresa é a Gestão da Aprendizagem Contínua e não apenas do Conhecimento, que se torna obsoleto a uma velocidade impensável na época dos gurus.

Chegamos ao consenso de que competência não é sinônimo de conhecimento. Competente é quem, ao aprender de forma contínua, agrega valor às habilidades, às atitudes e aos conhecimentos que já possui e disponibiliza resultados para a empresa.

5
DO TREINAMENTO DO "PRATO FEITO"
PARA A METODOLOGIA DO AUTODESENVOLVIMENTO

A DISCUSSÃO NOS FEZ COMPREENDER melhor a ineficácia dos programas de educação corporativa que disponibilizam o mesmo "prato feito" para todos, quando deveriam oferecer um leque de possibilidades para que a pessoa tenha a chance de fazer as próprias escolhas e montar seu "prato de aprendizagens", como num *self-service*.

Se pretendem, de fato, atacar as dificuldades enfrentadas hoje pelas empresas para reter seus melhores talentos e aumentar a satisfação deles com o trabalho, os programas precisam ultrapassar treinamento por catálogo.

Para atingir esses propósitos, não basta simplesmente aperfeiçoar o modelo existente com novos ingredientes superficiais ou adicionar palestras sobre temas da moda. Trata-se de repensar a própria natureza da educação corporativa a fim de que seus programas reflitam um processo de aprendizagem e autodesenvolvimento contínuo que se projete para além da sala de aula, integrando técnicas e pensamento, intuição e intelecto, ciência e bom-senso. A solução precisa ser construída a quatro mãos com os líderes da linha de frente imbuídos do papel de treinadores e mentores dos demais líderes das suas equipes.

6
DE "CONSTRUTORES DE PAREDES" PARA "CONSTRUTORES DE PONTES"

O DRH PROPÔS A EXISTÊNCIA no balanço das empresas de uma rubrica que monetizasse o custo invisível da falta de integração. Grande parte dos custos de uma empresa advém do baixo nível de integração entre pessoas e entre áreas.

No passado, os líderes competentes eram verdadeiros "construtores de paredes", que conseguiam delimitar bem o seu escopo de atuação e seu território como forma de evitar conflitos e interferências. Na

NeoEmpresa, contudo, será necessária a postura inversa, a de "construtores de pontes": líderes sinérgicos, agregadores, que consigam integrar os membros de sua equipe, as diversas equipes da sua empresa e construir pontes com Clientes, Parceiros, Distribuidores, Fornecedores e Comunidades, entre outros.

7
DO ENGAJAMENTO E COMPROMETIMENTO PARA O APAIXONAMENTO

A CONFIGURAÇÃO DO TRABALHO MUDOU, o que implica alterações nos papéis, nos valores e na motivação humana. A essa altura, tivemos a impressão de ouvir uma das máximas de Abraham Maslow, psicólogo norte-americano que estudou profundamente a natureza das necessidades humanas: "Para quem só sabe usar martelo, todo problema é um prego".

Ainda desfrutávamos dessa tirada bem-humorada, quando o Diretor de Logística soltou um comentário ácido, com o qual tivemos de concordar:

– Infelizmente parece ser mais fácil desmotivar pessoas que motivá-las. As empresas estão repletas de *experts* em desmotivação.

Concluímos que as NeoEmpresas procuram motivar as pessoas investindo em programas que proporcionem apaixonamento por Causas, em vez de apenas seguirem as práticas difundidas que conduzem ao comprometimento, fruto de um clima motivacional, ou ao engajamento obtido por intermédio de mecanismos que, no máximo, são "não desmotivadores".

8
DO CONFLITO DE GERAÇÕES
PARA A COMPLEMENTARIDADE DOS SABERES

GRANDE PESQUISADORA DA NATUREZA dos conflitos dentro das organizações, Mary Parker Follett nos fez pensar que as soluções nascem da convergência. Usando esse raciocínio, em vez de semearem a guerra entre as gerações X e Y, as NeoEmpresas devem procurar compreender os terrenos onde cada uma transita para estimular a soma de suas qualidades, a complementaridade.

– A Geração Y possui valores e atitudes muito diferentes sobre o trabalho, o mundo corporativo e a vida em geral – destacou a Gerente Financeira. – É importante entender o que querem esses jovens da minha geração para superar as dificuldades crescentes de atrair e manter os talentos com potencial de liderança, investindo no que podemos chamar de "líder Y".

Verificamos que os jovens buscam maior individualidade, maior customização nas relações, um significado para suas vidas e a comprovação de que o jeito de ser, a alma da empresa é compatível com sua personalidade.

Deve-se ter cuidado com a necessidade de coerência nas tentativas de motivar alguns desses jovens. Relatei que na nossa empresa um *trainee* se queixou comigo porque um gerente havia dito que ele deveria se comportar como o "dono do negócio" e não como empregado. Ele perguntou: "Vou ter a remuneração como se fosse dono? Vou ganhar parte da riqueza que serei capaz de gerar?"

Salientamos também que a diversidade não deve se restringir apenas ao tema das gerações. É muito importante percebermos como a diversidade mais ampla – participação das mulheres em cargos decisórios, pessoas com pensamentos diferentes e inclusão de minorias, só para citar alguns exemplos – gera valor aos negócios.

9
DO RH COMO SUPORTE À EXECUÇÃO DA ESTRATÉGIA PARA A O RH COMO COAUTOR DA ESTRATÉGIA DA EMPRESA

A ÁREA DE RH VIVE A SUA "HORA DA VERDADE". Todos nós, praticantes e teóricos, chegamos à conclusão de que o modelo de RH como um departamento funcional, concebido durante a Era Industrial, não é mais adequado para a Era do Conhecimento e da Aprendizagem. O antigo "Setor de Pessoal", que evoluiu para o "Departamento de Recursos Humanos" na década de 1970 e mais recentemente passou a se intitular "Gestão de Talentos", precisa se reinventar.

A grande ironia, lembrada pelo nosso DRH, é que, no exato momento em que a Gestão de Talentos ganha proeminência nas empresas, a área de RH é posta em cheque pelo fato de que a sua contribuição para os resultados dos negócios nem sempre é nítida. Continua sendo percebida como a menos preparada, se comparada às áreas de finanças, vendas, marketing e logística, por demonstrar desconhecimento do verdadeiro negócio da empresa, descompasso entre a estratégia da empresa e os planos de RH, maior preocupação com atividades e menor com resultados, aderência demasiada a modismos, entre outras queixas.

– Mais do que nunca, o RH necessita de um novo paradigma que torne sua atuação mais relevante para as empresas. Caso contrário, corre o risco de ser terceirizado, absorvido na linha de gestão, ou simplesmente eliminado – profetizou o nosso DRH.

As análises que fizemos nos mostraram que o atual "RH – Gestor de Talentos Humanos", como alguns se autodenominam, deve se transformar no "RH – Empreendedor do Patrimônio Humano". A mudança requer um novo papel, muito mais estratégico e gerador de resultados para o negócio das empresas, requer, além de um novo perfil, novas competências e um novo modelo mental dos profissionais da área.

Não se trata simplesmente de alinhar os planos de RH com a Estratégia Empresarial. Trata-se de transformar a estratégia de RH em parte integrante e em componente diferenciador da Estratégia Corporativa.

A área de RH precisa evoluir para uma posição de coautoria das estratégias, em vez de se limitar à atual postura de facilitadora de processos. O RH deve se posicionar como "*core*" e não mais como "suporte" à estratégia.

Nessa condição, são múltiplos os papéis que devem ser desempenhados pelo RH como arquiteto das novas competências essenciais requeridas para a empresa competir melhor e até contribuindo para a formação de alianças externas, ao agregar valor na relação com distribuidores, canais, parceiros, fornecedores e clientes estratégicos.

Foi então que os gurus, mudando um pouco o foco da conversa, resolveram nos provocar com outra bateria de perguntas:

– Como as novas tecnologias e ferramentas da internet estão alterando a forma como o trabalho e a interação profissional acontecem?

– Como esse processo de aprendizagem contínua agrega valor à produção?

– Como os modelos de trabalho e os formatos de interação colaborador-empresa estão sendo redefinidos?

– Como manter a empresa atrativa para que os colaboradores queiram continuar trabalhando e produzindo nesse cenário?

– Como aumentar o grau de autogestão do colaborador, maximizando a tecnologia disponível?

Trocamos ideias também sobre o perfil do Funcionário 2.0: é aquele que utiliza ferramentas e ambientes virtuais (*blogs*, fóruns, *wikis*, redes sociais e comunidades virtuais) para ampliar seu poder de atuação e influência na empresa. Ele gera mídia e conteúdo, compartilha opiniões e experiências, divulga informações positivas e negativas sobre a empresa, seu trabalho e os colegas, cria comunidades afins. Aberto a experimentações e nem sempre fiel à empresa ou à marca, usa as redes de relacionamento em busca de novas oportunidades de emprego e de evolução na carreira. Prefere trabalhar em projetos estimulantes a integrar processos repetitivos e de baixo valor agregado. Não liga para a comunicação oficial, os tradicionais canais de comunicação da empresa.

Chegamos à conclusão de que para lidar com esse novo tipo de funcionário é preciso colocar em prática, urgentemente, os nove princípios da nova gestão de pessoas que acabáramos de listar. E fomos parando por aí, cientes de que não tínhamos respondido a todos os questionamentos dos gurus, mas com a certeza de caminharmos nessa direção.

O Presidente, que assistira à maior parte dos debates em silêncio, visivelmente satisfeito com os rumos que a reunião tomara, incumbiu-se da tarefa de fazer uma síntese de tudo o que foi tratado para encerrar os trabalhos daquele dia:

– Meus caros, ser a empresa da escolha de Clientes, Talentos, Parceiros, Fornecedores, Investidores e da Comunidade é o grande alvo a ser atingido. Todos esses componentes da equação empresarial são importantes, mas chamo a atenção para dois deles, cujo sucesso origina os demais: conquistar e fidelizar os Clientes e atrair e manter os Talentos criadores da riqueza que esses Clientes valorizam. Não é por mera coincidência que as empresas campeãs sempre ganham os dois títulos mais importantes da olimpíada empresarial – (1) melhores empresas para trabalhar e para crescer; e (2) as mais procuradas e admiradas pelos clientes – e também são as mais invejadas pelos concorrentes...

CAPÍTULO 9 **SEM SIGNIFICADO, RESULTADOS PERDEM VALOR**

– Reza-se por milagres, mas trabalha-se por resultados, teria dito um dos mais importantes pensadores religiosos, Santo Agostinho. Então eu pergunto a vocês: o que é resultado?

Desse modo, o nosso Presidente tentou fazer uma espécie de aquecimento para a nossa conversa, enquanto esperávamos os gurus para iniciarmos o "sarau", que prometia bastante naquela manhã de temperatura amena da primavera turca.

A jovem Gerente Financeira foi a primeira a falar. Disparou a enumerar vários indicadores econômico-financeiros. Para ela, esta seria a melhor forma de traduzir o desempenho de uma empresa: faturamento, rentabilidade, geração de caixa, valor de mercado e as diversas siglas com as quais os especialistas financeiros estão familiarizados.

De cara afirmei que tais resultados só são viabilizados se existirem clientes e consumidores.

– Na realidade, fatia de mercado, satisfação e fidelização de clientes, qualidade de atendimento, entre outros do gênero, são os resultados que realmente interessam porque são os verdadeiros causadores dos outros tipos de resultado.

O DRH logo interveio:

– Concordo com tudo isso, mas, na minha visão, sem pessoas felizes, motivadas e engajadas com a empresa não se consegue conquistar nem fidelizar clientes e, consequentemente, não dá para vender, faturar, ter receitas e lucro.

Esboçando um sorriso vitorioso e, de certa forma, irônico, ele afirmou:

– Não existe cliente encantado por empresas com pessoas infelizes e desmotivadas.

O Diretor de Logística não se conteve:

– Essa filosofia é muito bonita, mas romântica. Uma empresa não é um clube. Vamos deixar de hipocrisia porque a gente sabe que, no fundo, essa conversa de gente feliz, cliente encantado e empresa cidadã é muito boa para quem gosta de jogar para a plateia. Sabemos de cor e salteado que o que conta mesmo é o lucro final apurado após os custos, o que os americanos sabiamente chamam de *bottom line*, a última linha de qualquer balanço, ou seja, o saldo no final do dia.

A discussão que se seguiu foi intensa. Começou a ganhar força o argumento de que o lucro é importante, mas não deve ser a única medida de resultados. Para desgosto do Diretor de Logística, prevaleceu a ideia de que o lucro tem de ser visto como premissa, não como um "resultado desejado".

O Presidente sugeriu que tentássemos fazer uma categorização entre "resultados-fim" e "resultados-meio" com o intuito de estabelecer certa relação de causa e efeito, o que poderia iluminar a conversa. Era possível notar sua preocupação com a rigidez de nossas posições.

Foi, então, bruscamente interrompido pelo Diretor de Logística:

– Tudo isso é poesia, sabemos que o que interessa é o lucro. E todo o mundo sabe que o lucro justifica os meios!

Um profundo silêncio tomou conta da sala. Trocamos olhares receosos, acho que até preferindo não ter escutado aquilo.

A NEOEMPRESA

Nosso líder retomou a palavra e calmamente externou sua preocupação com tamanho desalinhamento – não só aquele já expresso pelo Diretor de Logística, mas a nítida falta de convergência de todo o grupo dirigente da empresa.

– Cada um de vocês só está pensando na sua área, apenas olhando para o próprio umbigo. Vocês listaram indicadores de desempenho relacionados unicamente a seus respectivos mundinhos. Onde está o Propósito Comum, o resultado de todos, com o qual cada um deveria se comprometer, não só individualmente, mas também como membro do grupo? Afinal, qual o nosso Propósito Comum? Já pensaram nisso alguma vez na vida?

Peter Drucker, Frederick Taylor, Mary Follett e Igor Ansoff haviam entrado em cena discretamente e sentado ao fundo da sala. Max Weber, que "chegara" na noite anterior, também integrava o grupo. Abraham Maslow e Henri Fayol alegaram motivos pessoais para não participar das conversas naquele dia. Depois de presenciarem boa parte daquela nossa discussão, os notáveis aparentavam querer romper o silêncio.

Todos pareciam admitir que o mundo se tornara bem mais complexo que em suas respectivas épocas. No tempo de Taylor, por exemplo, a economia de custos e a eficiência operacional eram as coisas mais importantes na linha de montagem em um empreendimento. "Desempenho era sinônimo de fazer a mesma tarefa em uma unidade de tempo menor."

Ele passava dias e dias estudando a maneira mais produtiva de apanhar carvão com pás. Taylor não descansava enquanto não reprojetava cada tarefa para ser realizada com maior eficiência. No seu livro clássico, *Princípios da Administração Científica*, descreveu os desperdícios das coisas materiais e das "ações desastradas e mal orientadas dos homens".

Uma década mais tarde, Mary Follett alegou que resultados melhores sempre podem ser conseguidos quando existe uma forte coesão social do grupo e que uma das funções do líder é justamente conseguir a integração e o respeito entre os membros da equipe de modo que se sintam realmente parte do processo de trabalho.

Drucker, que afirmara certa feita que "não há liderança sem resultados", sempre chamou a atenção para a complexidade de definir resultados, não só em empresas privadas, mas também em organizações sem fins lucrativos, um de seus focos de estudo. Ele lançou o conceito de Administração por Objetivos (ApO), que dominou o pensamento estratégico nas décadas do pós-guerra. Seu propósito era aumentar a produtividade de uma organização mediante a definição de objetivos claros para os indivíduos, que em conjunto alcançam os objetivos estratégicos da empresa. Mas a ApO perdeu relevância a partir do início dos anos 1990, em parte por ser considerada uma metodologia muito "de cima para baixo", modelo típico das empresas hierárquicas da filosofia "comando e controle" que começava a ser questionada.

Todos propuseram abordar o tema que preocupava nosso Presidente, fazendo questão de evidenciar sua concordância com o ponto central dele: a necessidade de os membros de uma organização terem clara noção do seu Propósito Comum.

- Esse Propósito Comum não significa focar em apenas um tipo de resultado e, muito menos, em um único indicador de desempenho - davam a entender os notáveis, cada um a seu modo.

Até que um deles (não me lembro bem qual, pois falavam quase todos ao mesmo tempo) lançou a seguinte provocação:

- É como se o piloto do nosso trem-bala só olhasse para um dos relógios do seu painel de controle na cabine de comando.

- Excelente metáfora! - exclamou nosso líder. E, sem perda de tempo, foi logo perguntando: - Todos aqui concordam que o piloto, pouco importa se de um trem, avião, embarcação, automóvel de corrida ou moto, precisa olhar, ao mesmo tempo, para vários painéis na sua cabine de comando?

– A primeira conclusão é que para esses tempos modernos, bem diferente de outras épocas, temos de pensar em resultados e sempre no plural – concluí, tentando sumarizar a mesma ideia que ouvíamos, de diversas formas e argumentos, dos gurus.

– Mas, antes de cogitar os diferentes tipos de resultado que se complementam, precisamos definir o Propósito Comum, uma Causa, uma bandeira que todos abracem – enfatizava o nosso Presidente. Precisa ser algo que tenha significado e vá além das tradicionais missão e visão, já desgastadas pelo uso – fez uma breve pausa para beber um pouco de água e continuou:

– Penso em algo simples, curto, direto que atinja o coração das pessoas. Proponho que nosso Propósito Comum até o final dos próximos cinco anos seja o de *virar uma página na história do nosso setor, criando valor percebido e construindo significado para todas as partes interessadas no nosso negócio.*

Aplaudimos entusiasticamente essa proposta e nos voltamos para a etapa seguinte: a tarefa de montar um "Mapa de Geração de Valor" customizado para o nosso negócio. Dividimo-nos em cinco duplas, cada uma delas formada por um guru e um membro da nossa empresa.

Quando estávamos definindo as duplas, o Diretor de Logística questionou por que eu, o Diretor Comercial, trataria do assunto "pessoas". Não resisti e devolvi:

– Porque cliente também é gente – respondi, sem disfarçar a irritação.

Durante o almoço fizemos um brinde ao nosso Propósito Comum, cujo teor foi repetido orgulhosamente por todos. Pedimos uma refeição leve e foi servido um tabuleiro de *mezzes* – uma variedade de entradas, como alcachofras preparadas no azeite, melão com queijo cremoso tipo coalho, charutinhos de folha de uva, *homus* com pão *pide* e uma pasta feita de ovas de bacalhau, alho e azeite, servida com outro tipo de pão. Para finalizar, o forte café turco que se seguiu à sobremesa, outro tabuleiro com diferentes tipos de *lokum* e *kadayif* – um doce delicioso recheado com nozes e mergulhado no mel. Cada dupla apresentou à "plenária" a sua proposta.

Discutimos o conteúdo de cada uma delas, tiramos dúvidas, ajustamos detalhes e palavras, procurando sempre incorporar o melhor do que era oferecido. Nenhum de nós conseguia esconder a emoção de ter formado dupla com um dos sábios. Estávamos intelectualmente excitados.

No final do dia, tínhamos formatado nosso "Mapa de Geração de Valor" com cinco painéis complementares, cada um com três indicadores:

Painel "Geração de Riqueza",
relatado pela jovem Gerente Financeira. Os três indicadores selecionados foram: Valor de Mercado, Rentabilidade e Retorno sobre o Investimento.

Painel "Clientes".
Relatado pelo DRH. Indicadores: Paixão pela Marca, Grau de Fidelização, Distribuidores e Índice de Indicações a Novos Clientes.

Painel "Pessoas".
Relatado por mim, o Diretor Comercial. Indicadores: Grau de Inovação, Índice de Felicidade, Sucessores em todos os níveis.

Painel "Eficiência Operacional, Tecnologia, Processos e Sistemas".
Relatado pelo Diretor de Logística. Indicadores: Ciclos Operacionais, Giro de Estoque, Ciclos de Atendimento aos Pedidos.

Painel "Relacionamento com as Partes Interessadas"
(Parceiros, Fornecedores, Comunidades, Investidores), relatado pelo

Presidente. Indicadores: Sustentabilidade socioambiental, Grau de integração entre parceiros, Número de cidadãos beneficiados pelos projetos sociais da empresa.

Uma vez respondido "O que é resultado?" e desenhado nosso mapa, a pergunta inevitável foi levantada: como se obtém alto desempenho? O que leva uma empresa a superar as metas estabelecidas?

A resposta óbvia de todos foi que a intensidade do grau de desempenho reside nas atitudes dos líderes. O tipo de resultado vai depender da postura dos líderes: se eles se comportam como meros "batedores de metas" ou se buscam gerar resultados sustentáveis.

Cumprindo a tarefa nobre dos intelectuais, que é a de combater a supersimplificação e o reducionismo de fatos e ideias, mais uma vez os gurus começaram a formular perguntas incômodas.

Indagaram, por exemplo, ao nosso DRH:

– A alta satisfação das pessoas leva a altos resultados?

– Claro que sim – replicou ele em elevado tom de voz, surpreso com a pergunta por julgar que ela já traz embutida uma resposta óbvia.

– Provavelmente sim, talvez fosse uma forma de pensar mais acurada – foi a resposta que ouvimos. – Será que o efeito inverso não é mais forte? Ou seja, será que a satisfação das pessoas leva ao alto desempenho ou é o sucesso da empresa que tem impacto sobre a satisfação dos seus membros?

Isso criou um nó no nosso pensamento. Nunca antes eu sequer imaginara essa inversão. Eles avançaram sem dó nem piedade. Mesmo percebendo nosso embaraço, continuaram de forma implacável com novas e instigantes questões.

Talvez o que pretendessem nos dizer é para ter cuidado e não nos precipitar sobre os fatores que realmente contribuem para os resultados e o desempenho de uma empresa.

Por exemplo, o mesmo questionamento pode se aplicar à Cultura Organizacional. Muita gente acha que uma forte cultura leva a um alto desempenho. Mas consideremos a hipótese do efeito inverso, pois sabemos que empresas de sucesso têm culturas fortes.

Liderança, idem. Podemos pensar que bons líderes criam alto desempenho, mas, cogitando o efeito inverso, as empresas de sucesso normalmente atraem bons líderes.

Phil Rosenzweig batizou essa distorção de Efeito Aura (*halo effect*): ao analisarmos o desempenho de uma empresa bem-sucedida, especulamos sobre certas características que ela tem, como Cultura, Liderança e Satisfação das pessoas, como se impulsionassem ou causassem o desempenho. Olhando mais de perto, porém, vemos que não é bem assim. O desempenho elevado é que pode ser o responsável por esses atributos. Tais fatores podem ser mais Consequências do que Causas do desempenho.

É importante termos consciência de que o desempenho de uma empresa não é uma função linear, não obedece a leis imutáveis, nem pode ser previsto com a precisão de uma ciência. Por exemplo, se investimos dez unidades monetárias e obtemos um resultado de duas unidades em um ano, isso não implica que, se investirmos 15 unidades (50% a mais), iremos obter três unidades de resultado (50% a mais). Podemos até obter mais de três, se tivermos grande sinergia interna ou as circunstâncias ajudarem. Ou podemos obter até menos de dois, se a entropia interna for maior que a sinergia. Esse é o imponderável das estratégias e dos resultados.

Outro aspecto para o qual a conversa com os gurus acabou nos alertando: muita gente, quando pensa em resultado, logo se lembra de comparar com o concorrente.

Concluímos que nem sempre o maior concorrente de uma empresa vem de fora. Nem sempre são os competidores que fabricam os mesmos produtos ou prestam os mesmos serviços. Quase sempre o maior "concorrente" está dentro de casa.

— De fato, temos a tendência de buscar desculpas para os resultados que não conseguimos atingir e o primeiro culpado sempre são os competidores — provocou o nosso líder. — Nossa experiência tem demonstrado, contudo, que o maior problema quase sempre reside na falta de rumo claro, na estrutura inadequada, na falta de integração entre pessoas e entre áreas, na gestão inadequada de clientes, distribuidores e canais. Assim, vamos parar de buscar culpados e cuidar da nossa vida, fazendo o nosso dever de casa.

Propus que, em algum momento, tentássemos listar os principais *pontos cegos* da nossa organização, ou seja, aqueles fatores que não estamos conseguindo perceber e que podem estar impedindo a obtenção de melhores resultados.

Finalmente, a conversa com os pensadores motivou a correlação entre ética e resultados. Ficou claro que o importante não é apenas o resultado obtido, mas também a forma pela qual ele é obtido e utilizado.

Após essa conclusão inspiradora, demos por encerrada a conversa sobre o tema "resultado".

Não pude deixar de alfinetar o Diretor de Logística, que dissera que "o fim justifica os meios". Encerrei o colóquio, dizendo em alto e bom som:

— Sempre me impressionou uma frase do filósofo alemão do século XVIII Immanuel Kant, "O que você não puder contar não faça". — E fiz questão de repetir com outras palavras: — O resultado que você não puder contar aos outros, e do qual não puder se orgulhar, melhor não obter.

CAPÍTULO 10 OUTRAS PEÇAS DO QUEBRA-CABEÇA: ESTRUTURA, PARCEIROS, TECNOLOGIA E INOVAÇÃO

Estávamos bastante satisfeitos com a instigante conversa do dia anterior sobre como definir o "mapa de geração de valor" com o conjunto de resultados desejados e os indicadores de desempenho em nossa empresa. Em especial, acreditávamos que os painéis que havíamos formatado para nos guiar e ajudar a pilotar o trem-bala durante a viagem ofereceriam maior segurança para a travessia sinuosa da montanha-russa que é o mundo empresarial contemporâneo.

Mas o DRH foi logo apresentando os resultados de uma pesquisa da Associação Brasileira de Recursos Humanos (ABRH) sobre o grau de felicidade nas empresas: 24% dos 400 participantes disseram ser alto e 66,2%, médio.

– Eis um retrato nada animador – fizeram questão de destacar. – Isso talvez explique a alta rotatividade, a dificuldade de atração e retenção de talentos. Quando uma pessoa responde que o seu grau de felicidade no casamento é médio, já sabemos que tem divórcio à vista.

Os gurus também não pareciam ter se acomodado ao progresso da véspera. Já começaram a jornada lançando novos desafios. O resumo que faço das provocações é que não basta definir os resultados que queremos atingir. Isso é necessário, mas não suficiente. Precisamos considerar pelo menos quatro fatores que, se forem bem posicionados, poderão alavancar a obtenção dos melhores resultados:

- Como **estruturar** a NeoEmpresa? De que modo a empresa deve se organizar para estar adequada aos novos tempos?
- E as **parcerias** necessárias para chegar aos resultados desejados? Como elas devem ser costuradas? Nenhuma empresa é autossuficiente, nem se trata de apenas acionar fornecedores e prestadores de serviços para obter automaticamente os recursos materiais e tecnológicos de que necessitam.
- Por falar em **tecnologia**, ela deveria andar de braços dados com a inovação por ser fundamental para a evolução e a sobrevivência das empresas. Ainda não tratamos desse assunto com a profundidade necessária.
- Como construir uma **Cultura de Inovação** que não seja apenas espasmódica, mas perene e que leve em conta, além da lucratividade, a sustentabilidade e a responsabilidade social?

Então, os sábios revelaram que haviam se reunido na noite anterior para trocar ideias entre si e queriam propor esses quatro tópicos como a pauta desse nosso dia de discussão.

Alertaram que, antes de regressar para seus lugares de origem, tinham ainda um item muito importante a ser tratado: **a Cultura da NeoEmpresa**. Mas propunham que isso fosse assunto do dia seguinte, o último do nosso encontro, quando esperavam que todos estivessem presentes para nossa conversa final.

O Presidente concordou com a agenda proposta, falando em nome do grupo da empresa. Afirmou que, sem uma estrutura ágil, flexível, dinâmica e sem parceiros adequados ou tecnologia e um processo de inovação constante, os resultados jamais existiriam a contento.

Todos balançamos as cabeças em sinal de assentimento.

O primeiro ponto escolhido para dar início à troca de ideias foi a Estrutura Organizacional, área natural de *expertise* de Max Weber.

Estrutura e governança sim, engessamento não

O Presidente começou logo provocando os sábios: argumentou que talvez até mais difícil do que construir uma estratégia vencedora seja moldar uma **Estrutura Organizacional** que seja um espelho dessa estratégia. As estruturas tornaram-se verdadeiras camisas de força para a implementação das estratégias, pois insistem em continuar piramidais, hierarquizadas e funcionais, incompatíveis com o nível de agilidade e flexibilidade que as estratégias mais sofisticadas requerem, e incoerentes com a velocidade de resposta e a excelência no atendimento que os clientes exigem.

– As estruturas atuais são verdadeiras "fábricas de infelicidade" – arrisquei.

– Aliás – lamentou nosso chefe, – tudo está muito parecido nas respostas das empresas: organogramas semelhantes, políticas de RH iguais, diretrizes parecidas. O tal do *benchmark* pasteurizou o *Management*. Os modelos de negócios, assim como os produtos, são sempre mais inovadores que os modelos de gestão, ainda presos a padrões ultrapassados.

Um consenso no grupo foi a crítica ao velho paradigma "A forma segue a função". Ele estabelece que primeiro se define a estratégia, depois a estrutura e então a empresa escolhe as pessoas para se encaixarem nos quadradinhos do organograma, de acordo com um perfil preestabelecido.

Todos pareciam muito impressionados com as propostas de Jim Collins, conhecido autor e pensador contemporâneo, relatadas pelo DRH:

– Primeiro você escolhe as pessoas, depois define a melhor forma e a melhor estratégia, e a responsabilidade é atribuída conforme o potencial de cada um. No seu livro *Good to Great*, Collins revela que empresas bem-sucedidas primeiro formam uma equipe de pessoas especiais e a estratégia de sucesso se segue. As empresas que ele chama de *great companies* colocam "as pessoas certas no ônibus, as pessoas erradas para fora do ônibus, e as pessoas certas nos assentos certos – e então pensam qual direção tomar".

Em suas palestras Collins tem afirmado que "a habilidade número um de um executivo é escolher as pessoas certas e colocá-las nas posições certas", resgatando, de certa forma, a conhecida afirmação "a pessoa certa no lugar certo". Trata-se de uma inversão: a forma (estrutura e pessoas) vista como possível causadora da função (estratégia).

Todos consideraram um avanço que a estrutura seja vista como espelho da estratégia, fazendo parte dela, como se fosse o outro lado da moeda, em vez de ser apenas uma consequência.

Percebendo as idas e vindas da conversa, aproveitei para arrematar:

– O mais importante não é saber quem vem antes, estrutura ou estratégia, mas ter consciência de que o "quem" é o fator-chave para definir o sucesso ou não de estratégias e estruturas.

Antes de prosseguir, formou-se um consenso de que o conjunto de princípios e regras rígidos e sistemas de controle e de hierarquias para estruturar empresas proposto por Weber visava contribuir para um modelo organizacional que evitasse a arbitrariedade, o confronto e os abusos de poder característicos da época.

A organização ideal, concebida por Weber, baseava-se nos princípios da divisão do trabalho, escala de autoridade, competência técnica, controles rígidos e regras impessoais. Alegava que, para ser "capaz de atingir o mais elevado grau de eficiência", teria de empregar formalmente "o mais racional e conhecido meio de exercer dominação sobre os seres humanos... superior a qualquer outro em precisão, estabilidade, rigor, disciplina e confiança". Movido pelo desejo de "maximizar a eficiência operacional", Weber procurou formatar uma filosofia gerencial que associava as práticas do capitalismo incipiente a princípios morais, em particular a ética protestante.

Começamos, então, a nos revezar nas argumentações e na descrição de quais seriam as características da estrutura organizacional mais adequadas às novas circunstâncias. Consegui anotar cinco características relativas à organização das NeoEmpresas:

Descentralização. As NeoEmpresas são dotadas de estruturas descentralizadas interdependentes, mais planas, que estão substituindo a estrutura tradicional e até mesmo os arranjos matriciais ainda encontrados na maioria das empresas. A palavra-chave é "interdependente", pois o objetivo é ter maior autonomia, mas sem criar os feudos independentes e disfuncionais que poderiam surgir. A estrutura da NeoEmpresa é mais negocial que funcional.

Delegação planejada. As estruturas descentralizadas funcionam a partir de um processo evolutivo de delegação planejada que se concretiza mediante uma "ferramenta" de delegação, contendo um conjunto explícito de indicadores pactuados (não de meras funções ou atividades) que devem nortear o diálogo permanente entre líderes e liderados. Chamei a atenção de todos com uma nova frase de efeito: *Delegar não é sinônimo de abandono.*

Unidades menores. A NeoEmpresa "gosta" de ser percebida como uma "confederação de pequenas empresas", em vez de uma grande empresa. Mesmo quando entra em processos de fusões e aquisições, ela se decompõe em unidades menores, mais administráveis, com responsáveis por Centros de Resultados e por Unidades Negociais ou Unidades de Apoio. Até no chamado "chão de fábrica", as linhas de montagem têm sido decompostas em células de produção semiautônomas. Isso permite que uma equipe realize o "todo" na fabricação de uma peça ou produto e desenvolva um senso de conjunto. Mas é preciso cuidado para não perder a visão de que faz parte de algo maior.

Flexibilidade. As NeoEmpresas evitam as estruturas rígidas e universais. Partem do princípio de que não existe um só tipo de estrutura certa. Customizam suas estruturas de acordo com o negócio, o estágio no ciclo de vida da empresa, as personalidades e estilos dos envolvidos e o processo decisório do cliente. A estrutura muitas vezes é o reflexo da forma de se relacionar com os clientes. Se um prestador de serviços atende a grandes empresas, a estrutura é desenhada de um modo; se trabalha com uma enorme variedade de pequenas e médias empresas, o desenho da estrutura é outro. O mais interessante: a mesma empresa pode ter, simultaneamente, modelos distintos de estrutura que convivem visando maximizar o atendimento eficaz aos seus diversos tipos de clientes. Em certos negócios, as estruturas são concebidas com base em *jobs* ou projetos específicos.

Equipes virtuais. Essa nova tendência de arranjo organizacional evita inchaços no organograma. As empresas funcionam como verdadeiros *hubs* de prestação de serviços, em que especialistas se associam para executar tarefas específicas, cada um mantendo uma rede colaborativa intensa, as equipes virtuais. Num desdobramento dessa tendência, procura-se dar grande capilaridade de ação ao pessoal de vendas e assistência técnica para que atuem junto aos clientes em vez de ficar ao lado dos enclausurados nas paredes da empresa.

— Porém, o mais importante de tudo, em qualquer época e circunstância — mais uma vez concordamos —, é a coerência entre o modelo de negócio, o modelo de gestão e a estrutura organizacional. A maioria das empresas não busca essa consistência entre o que pretende fazer, como vai atuar e a forma de se estruturar. Uma visão integradora é fundamental para evitar desperdícios de energia humana, tempo e recursos.

O nosso líder vibrou com essa colocação:

— Bravo! O *encaixe* entre diferentes componentes do negócio é o que chamo de *estratégia*.

Os sábios se entreolharam, como se estivessem pensando que essa visão teria feito grande sucesso nas suas respectivas eras e provavelmente evitado problemas a muitas empresas ao longo do século XX.

— Na Era do *Management* tradicional, os gênios eram caricaturados dentro de garrafas que os aprisionavam — prosseguiu o Presidente. — Agora, precisamos libertá-los dos retângulos dos organogramas, dos cubículos das empresas e das salas de treinamento — que muitas vezes buscam, em vez de desenvolvê-los, apenas fazer o adestramento de talentos para as práticas consumadas da empresa.

A Gerente Financeira lembrou-se, então, de um caso de um amigo de infância, bastante talentoso e criativo, que não queria de forma alguma fazer carreira no mundo corporativo, pois dizia ter "alergia à burocracia e às normas empresariais". Sob pressão de seus familiares enviou seu currículo para diversas empresas. Cada vez que recebia um e-mail dizendo que o seu perfil não era o adequado para as

A NEOEMPRESA

necessidades da empresa naquele momento, ele vibrava e celebrava a negativa.

– Uma possível solução – arrisquei-me a dizer – seria as empresas começarem a se estruturar com base em equipes menores com poder de decisão e certo grau de autonomia e responsabilidade, não só pela produção de tarefas, mas pela montagem da estrutura de trabalho e pela mobilização de pessoas. Uma ideia que algumas empresas já começam a praticar é, na hora do recrutamento e seleção, em vez de delegar esse processo ao RH, cada candidato ser aprovado pela maioria da equipe da qual fará parte – não apenas pelo chefe da área ou por uma ou duas pessoas. Isso tem aumentado a taxa de acerto de ambas as partes.

O polêmico sociólogo Guerreiro Ramos não estava participando do encontro, mas, se lá estivesse, provavelmente teria opinado sobre essa irreverente colocação.

Nascido em Santo Amaro (BA), em 1915, Guerreiro Ramos tinha rica formação intelectual. Desde 1944 passou a ser influenciado por Max Weber e a partir dele a se interessar pela teoria das organizações. Assessorou o presidente Getúlio Vargas durante seu segundo governo, atuando em seguida como diretor do Departamento de Sociologia do Instituto Superior de Estudos Brasileiros (Iseb) até 1964, quando teve seus direitos políticos cassados. Conhecia o mundo do empreendedorismo: foi secretário do Grupo Executivo de Amparo à Pequena e Média Indústrias do Banco Nacional de Desenvolvimento Econômico (BNDE). Fez a primeira pesquisa de padrão de vida no Brasil, em 1952. Além disso, sempre demonstrou orgulho de sua ancestralidade africana, tendo coordenado o Instituto Nacional do Negro.

Com sua peculiar sensibilidade para o social, se estivesse naquele encontro, Guerreiro Ramos provavelmente teria alertado que palavras de uso disseminado no universo corporativo, como "descentralização", "autonomia" e "delegação", podem expressar significados diferentes dependendo de quem as emite. Assim, não é de estranhar que às vezes as pessoas concordem com ideias divergentes ou discordem da mesma ideia, sem se dar conta. Como as estruturas atuais ainda estão baseadas em crenças sobre o trabalho humano arraigadas há mais de um século, vale a pena fazer um esforço de esclarecimento do significado de certas palavras. Por exemplo, centralização e descentralização não são termos absolutos. Envolvem uma escala:

Empresas totalmente centralizadas têm graves problemas de velocidade, flexibilidade, dependência, acomodação e busca de desculpas e de culpados. É muito fácil delegar para cima, fugir da responsabilidade e ficar esperando que alguém decida para então seguir em frente (ou para os lados, como é mais comum). Tais empresas derrapam na competitividade e acabam superadas no ciclo vicioso de perda do tripé de clientes, rentabilidade e talentos. O custo é alto: desperdício de recursos e tempo de entrega sempre maior que o planejado.

Empresas totalmente descentralizadas também têm problemas significativos: governança inadequada, falta de definição clara de responsabilidades, possibilidade de desvios, risco de ações inadequadas de algumas pessoas comprometerem todo o conjunto, desalinhamentos e conflitos entre áreas, entre outros.

Por esse motivo, um fator sempre a considerar é o momento, o estágio no ciclo da vida, em que se encontra a empresa: é uma *start up*? Já decolou? Está em fase de amadurecimento? Vive uma crise de declínio? Também é preciso levar em conta sua estratégia e os resultados desejados. Por exemplo, estratégias agressivas de crescimento pressupõem nível maior de descentralização.

Numa empresa que está começando é natural um grau de centralização maior, que deve diminuir à medida que ela for amadurecendo. Uma empresa em crise e precisando de uma virada requer maior centralização. Enfim, as circunstâncias, os resultados desejados, a personalidade, o grau de maturidade e a confiança dos envolvidos são os fatores que determinarão o "ponto ótimo" da descentralização.

De um lado, a chave para esse grau ideal de descentralização é garantir a cultura de empreendedorismo, inovação, flexibilidade, agilidade, autonomia motivadora, aproveitamento de oportunidades, postura de dono, foco no resultado e planejamento sem burocratização excessiva; e de outro, garantir responsabilidade, mitigação de riscos, coordenação, sinergia, respeito aos valores básicos e cuidados com o todo, não apenas a parte.

O nosso Presidente manifestou-se mais uma vez:

– Ao contrário do que muitos pensam, Descentralização **não é** abandonar a equipe e abdicar do exercício do poder, nem deixar de acompanhar e estar informado. Delegar não é simplesmente dizer aos subordinados que se virem. Eu procuro delegar o máximo possível, mas acompanho cada um com intensidades diferentes, dependendo do nível de maturidade – arrematou.

Lembrei-me das provocações de Douglas McGregor, um dos mais influentes pensadores na área das Relações Humanas. No seu livro *O Lado Humano da Empresa*, publicado em 1960, ele contrapôs ao dogma de gestão vigente, que tratava os empregados como preguiçosos, desinteressados pelo trabalho e motivados apenas pelo dinheiro, sua proposta de que o ser humano pode ser automotivado quando encontra sentido em seu trabalho. Mas isso não significa uma visão complacente, em que o funcionário escolhe o que deseja fazer. A empresa continuaria tendo dirigentes para atribuir tarefas e responsabilidades.

SEGUNDO ATO **UM TREM-BALA NA MONTANHA-RUSSA**

A descentralização exige maturidade, respeito, transparência, disciplina, atitude sinérgica, postura de servir a quem está na linha de frente e uma clara política de meritocracia. Pressupõe, não a ausência, mas um diálogo intenso entre líder e liderado.

Por outro lado, sabemos que a delegação deve ser planejada conforme o grau de maturidade e comprometimento da pessoa que a recebe: ela deve se dar mais por sucção do que por recalque. Ou seja, cabe ao liderado conquistá-la, comprovando por meio de suas atitudes e sua responsabilidade o preparo para assumir um grau crescente de delegação.

Finalmente, nossa Gerente Financeira discorreu sobre algo com o qual os gurus não pareciam muito familiarizados: a governança corporativa, um conceito e uma prática que têm se fortalecido a partir das crises que abalaram empresas e mercados. Nos já lendários casos da Enron, da Lehman Brothers e até mesmo de diversas empresas tradicionais brasileiras, executivos inescrupulosos tomaram decisões em benefício próprio que fizeram empresas, antes consideradas sólidas, se desmanchar no ar.

– As também chamadas boas práticas da governança foram criadas para regular as relações de diferentes instâncias de uma empresa, como o Conselho de Administração e o Presidente, principalmente nas empresas de capital aberto, listadas nas bolsas de valores – explicou a Gerente Financeira. – O curioso é que tais práticas estão baseadas na desconfiança e no medo. Muitas vezes, para atenuar os riscos, tornam-se um fator adicional de burocratização nas empresas. Daí o processo e os direitos decisórios passam a ter mais importância que o empreendedorismo e a espontaneidade dos dirigentes e dos responsáveis.

Discutiu-se, então, como será a governança nas NeoEmpresas. A hipótese levantada foi de que o arsenal das boas práticas de governança que estamos construindo hoje não será compatível com os jovens talentos inquietos. Corremos o risco de produzir empresas engessadas e pouco atrativas. Se for assim, os mais talentosos buscarão fundar seus próprios negócios, enquanto as empresas terão de se contentar em oferecer suas vagas aos não tão talentosos assim.

Mais uma vez, os gurus nos lançaram suas instigantes perguntas:

– Qual prática mais afasta os bons profissionais de sua empresa? O que os desmotiva e os faz ir embora?

– Como vocês esperam conciliar a tensão entre os que desejam preservar a governança burocrática – manter o *status quo*, os privilégios e o poder burocrático – e aqueles que desejam inovar criando uma organização menos estruturada, menos rígida, mais flexível e menos "gerenciada"?

A essa altura, fizemos uma pausa para um lanche. Foi servido um s*imit* – parece um bagel, um pão em formato de anel, em que a massa é coberta com sementes de sésamo, onipresente nas ruas das cidades turcas.

No retorno à discussão, nosso foco seria procurar entender como a gestão dos parceiros pode ser uma das importantes peças no quebra-cabeça para obter resultados diferenciados.

Parcerias integradas, negócios surpreendentes

Iniciamos a conversa sobre esse tópico constatando que a convergência de tecnologias está levando à convergência da competição, formando *clusters* de empresas de tecnologias que se associarão de forma complementar para competir melhor. Assim, a competição não se dará mais no nível de produto × produto, nem de empresa × empresa, como na época dos gurus, mas de *cluster* × *cluster*. As empresas competitivas serão uma espécie de *hub* de competências complementares, associando um conjunto de empresas, fornecedores, investidores, parceiros e partes interessadas.

SEGUNDO ATO **UM TREM-BALA NA MONTANHA-RUSSA**

Uma nova competência será exigida na Administração dessa rede de parceiros de forma a elevar o patamar da empresa, expandindo significativamente o seu poder de fogo para negociar. Será preciso estimular o clima de integração dos parceiros na empresa e desta com parceiros estratégicos sem abrir mão dos valores básicos, alertaram os sábios.

O comportamento será o de incentivar sempre a busca de soluções e evitar a rigidez de regras unilaterais. Preservar a integridade, a imagem e os valores éticos da empresa. Garantir o clima de ganha-ganha entre os parceiros e articular os fatores políticos e estratégicos para a parceria saudável.

Trata-se realmente de uma competência nova e diferenciada – a capacidade de montar e operar uma estrutura em rede, formada por um conjunto de diferentes organizações e partes interessadas, um complexo articulado de negócios e competências complementares cujas atividades são coordenadas por contratos, acordos e relações interpessoais e não mais pela criação de estruturas formais, hierárquicas, engessadas e rígidas.

– Sem dúvida, uma estrutura muito mais flexível, ágil e adequada aos ambientes incertos, turbulentos e dinâmicos que predominam nos dias atuais do que o modelo industrial e concentrador que funcionava em nossa era – davam a entender os sábios, com a aparente concordância de todos.

As empresas deverão estimular a contínua busca de parceiros estratégicos "impensáveis", visando identificar oportunidades de soluções únicas para clientes por intermédio do profundo conhecimento das competências dos parceiros. Algumas dessas parcerias poderão até parecer "impensáveis", à primeira vista.

O Presidente alertou que o bom empresariamento dos parceiros numa rede poderosa e diferenciada poderá ser um dos ativos intangíveis para maximizar o valor de mercado da empresa – assim como a marca, o relacionamento com clientes e a qualificação das pessoas e líderes. E perguntou:

– Quais as parcerias aparentemente sem nexo, impensáveis, que precisamos construir no futuro?

– Se é para ser sincero e cada um dizer o que pensa, quero afirmar que considero toda essa conversa de hoje uma bobagem – com esse preâmbulo, o Diretor de Logística fez questão de revelar a essência do seu pensamento e comportamento. – Essa história de engajar parceiros cai bem nos livros e em relatos de *cases* apresentados nas universidades e nos seminários. Para ter sucesso e aumentar o valor de mercado de uma empresa temos mesmo é de espremer os fornecedores, tirar deles o máximo em termos de preço, prazos e outras condições comerciais. Fazendo isso, o lucro aumenta, pois o custo diminui. Ficar paparicando fornecedor e prestador de serviços só aumenta o custo. Desculpem, mas pensei que iríamos nos encontrar para buscar soluções pragmáticas e não para discutir poesia...

O mal-estar foi geral. Ainda mais porque o comentário partiu justamente do Diretor de Logística, o responsável por articular parcerias que possibilitem à empresa alcançar os resultados almejados.

O DRH foi rápido no gatilho e relembrou em voz alta um pequeno trecho de um dos artigos do Drucker, *Managing Oneself*:

– Primeiro, concentre-se em seus pontos fortes... Segundo, trabalhe para aprimorar suas forças... Terceiro, descubra onde sua arrogância intelectual está provocando uma ignorância que incapacita você e supere isso.

"Toma, distraído!", meu pensamento certamente refletia o que se passava na mente de todos os presentes.

Foi então que, de olho no relógio, a jovem gerente sugeriu que em função do horário fosse tratado o próximo tópico da pauta. Não houve objeção.

Sem Inovação, não há santo que ajude

– Que as empresas precisam se reinventar de forma contínua, todos já sabemos – fui logo dizendo quando começamos a discutir esse tópico fascinante da inovação. – Quase todos os maiores *experts* em *Management*, inclusive alguns dos que se encontram aqui, já afirmaram em algum momento que as empresas precisam se reinventar e que a inovação é a chave para garantir o futuro dos negócios (e é mesmo!). O que não sabemos com tanta certeza é como criar uma Cultura de Inovação e como fazer a Gestão da Inovação. Às vezes chego a pensar que Inovação é como sexo: todos gostariam de fazer muito mais do que na realidade fazem! – pensei em voz alta. Em seguida me arrependi do que falei. Mas já era tarde...

Todos se entreolharam e riram da minha ousadia.

Confesso que aquela troca de olhares me deixou constrangido a ponto de não conseguir registrar o que foi falado na hora. Sei que iniciaram uma preleção sobre o tema "Inovação", revezando-se nos comentários. Então, de memória, reconstruo suas observações.

A inovação é universal e atemporal. E a criatividade é a matéria-prima básica da reinvenção constante das empresas. Nossas companhias precisam de muita criatividade em várias áreas: desenho de produtos, embalagens, serviços, finanças, marketing, logística e distribuição.

A nossa jovem gerente enfatizou que o grande desafio para os "gênios" contemporâneos não será o de inventar um produto ou de fazer uma descoberta científica. Ser genial passou a ser criar condições favoráveis para a manifestação da genialidade latente em outras pessoas. A verdadeira genialidade será preparar pessoas que tenham capacidade de despertar essa virtude em outras.

Voltando-se para o nosso Presidente, ela perguntou:

A NEOEMPRESA

– Tome o exemplo de uma empresa familiar que se desenvolveu graças ao sonho de um fundador. Você acha que ele apoiará uma ideia nova que ameace as bases do modelo de negócio que ele criou? Você acha que seus subordinados terão coragem de apresentar ideias novas?

Antes que nosso Presidente tivesse a chance de responder, ela prosseguiu:

– Os verdadeiros inovadores vão sair das tradicionais empresas familiares. Assim as organizações engessadas perderão seus verdadeiros talentos, que irão montar seus próprios negócios a fim de dar asas à sua criatividade.

À medida que a discussão avançava, ia ficando muito claro que inovação e estratégia andam de mãos dadas nas empresas vencedoras. O primeiro passo na Gestão da Inovação consiste na identificação e remoção das barreiras mentais que aprisionam possíveis expressões da criatividade humana dentro de nossas obsoletas formas de organização.

Torna-se necessário desmistificar algumas percepções sobre criatividade, por exemplo, de que seria um atributo natural de uns poucos privilegiados. Isso é uma herança perversa da Era Industrial, que procurou separar o pensar do fazer, o planejamento da ação, o dirigente dos dirigidos.

A genialidade não tem cor, sexo, idade, tamanho, ideologia, credo ou classe social. Para competirmos melhor neste milênio precisaremos de *gênios* onde quer que estejam.

Como já havia se tornado uma praxe naquele encontro improvável com os gurus, eles voltaram a insistir que às vezes é melhor uma boa pergunta que uma boa resposta. Aquilo soou como uma deixa. De repente passaram a nos bombardear, mais uma vez, com uma saraivada de perguntas. Utilizaram o seguinte argumento: como somos executivos e estamos com a mão na massa no dia a dia, era natural que soubéssemos mais do que eles as respostas para certas questões:

SEGUNDO ATO UM TREM-BALA NA MONTANHA-RUSSA

– Como tornar a inovação função de todos na empresa, todos os dias? Como as inovações podem ocorrer de forma sistemática e orgânica, não apenas espasmódica? Como criar um ambiente de trabalho que inspire as pessoas a dar o melhor de si, expandindo a imaginação humana?

– Como transformar ideias e criatividade em valor para Clientes, Acionistas, Comunidades, Colaboradores e Parceiros?

– Como construir uma empresa que seja tão ágil quanto a própria mudança? Como construir o futuro, enquanto garantimos o presente?

– Qual o papel do líder na inovação?

– Como criar um processo de empresariamento de ideias que gere opções estratégicas inovadoras sempre, sem risco de deturpação à medida que sobem na hierarquia?

– Em quais instâncias as ideias inovadoras devem ser avaliadas? Será que os mecanismos da estrutura tradicional são realmente os mais indicados para decidir sobre as ideias a serem colocadas em prática?

E deixaram para o fim a pergunta mais perturbadora:

– Que crenças "sagradas" sufocam a inovação nas empresas?

Debatemos primeiro entre nós, os executivos da empresa. Compartilhamos logo depois com eles, os pensadores. Foi uma sessão bastante produtiva. Concordamos que, em vez de respostas incisivas, preferíamos concluir a conversa sobre esse tópico com algumas provocações para reflexão posterior:

- Antes de criar as inovações, precisamos criar os INOVADORES. Por exemplo, seria bom cada líder em cada empresa responder: quantos INVENTORES ou INOVADORES a sua empresa possui atualmente?
- Inovação não ocorre apenas nos tradicionais P&Ds, os Departamentos de Pesquisa e Desenvolvimento. Precisamos evoluir da Inovação

1.0 e 2.0 para a Inovação 3.0: temos de inovar não apenas no desenho de produtos, nas embalagens e em tecnologia. Precisamos pensar na inovação em todos os níveis, dentro e "fora" das paredes das empresas, na relação com Clientes, Canais, Fornecedores, Comunidades e Parceiros, e na Reinvenção dos Modelos de Negócios.

- Inovação significa criar e captar valor: aumento de receitas, diminuição de custos, mitigação de riscos.
- Gestão da Inovação não é uma questão técnica nem apenas uma questão de processos. É muito mais uma questão de atitudes e postura de uma Cultura. Exige disciplina. Deve ser tratada como um valor, não apenas como um projeto!
- A Gestão da Inovação deve começar com um programa para detectar e remover as barreiras mentais que aprisionam a criatividade humana dentro de formas obsoletas de organização.
- Inovação e empreendedorismo devem caminhar juntos.

Chegamos, inclusive, a listar alguns ditos populares que exemplificam bem as barreiras mentais à inovação, como: "Em time que está ganhando não se mexe", "Cada macaco no seu galho", "Devagar e sempre a gente chega lá", "Manda quem pode e obedece quem tem juízo".

Lembramos, também, das palavras de Steve Jobs numa entrevista à revista *Fortune*, em 1998. "A inovação não tem nada a ver com a quantidade de dólares que você investe em pesquisa e desenvolvimento", disse o criador da Apple. "Não é uma questão de dinheiro. É a equipe que você tem, como você lidera e quanto você entende da coisa." Jobs procurava estimular a paixão constante pela inovação, o que fica patente em duas de suas frases mais conhecidas: "Think diferent" (Pense diferente) e "Keep hungry" (continue faminto, na tradução literal, que pode ser entendido como "Não se acomode").

Alguns desafios permanecerão: É possível estimular a Cultura de Inovação sem mexer no sistema de remuneração? Como criar condições para que as pessoas participem da riqueza que são capazes de gerar?

Por último, a grande questão para a NeoEmpresa: a cocriação com parceiros e clientes será a nova fronteira da inovação. Não se tratará apenas de criar um produto inovador e apresentar ao mercado. Trata-se de criar e desenvolver em conjunto uma nova solução que possibilite o melhor ao cliente.

Alta tecnologia? Alto envolvimento!

PROVOQUEI A DISCUSSÃO SOBRE O PAPEL da tecnologia na NeoEmpresa ao dizer que o ritmo alucinante dos avanços e as rupturas tecnológicas das últimas duas décadas estariam nos deixando como que hipnotizados. Em vez de nos apoiarmos na tecnologia como recurso de suporte à vida, estaríamos nos colocando a seu reboque, permitindo que ela estabeleça nossa agenda, nossos valores, nosso modo de vida e fechando os olhos para as consequências dessa nova realidade.

Antes confinado ao pessoal altamente técnico, o Departamento de Tecnologia da informação (TI) invadiu todas as áreas corporativas. Deixou de ser um custo necessário ao bom funcionamento da empresa para adquirir o *status* de ferramenta estratégica e indispensável para o sucesso do negócio.

Por outro lado, a tecnologia também oferece a possibilidade de juntar pessoas. Não apenas aproximar familiares e amigos de cidades e países diferentes. Temos presenciado uma mobilização em proporções antes inimagináveis de jovens nas praças em vários países europeus, latino-americanos, africanos e árabes – em um verdadeiro fenômeno de geração espontânea de interesses, turbinado pela tecnologia das redes sociais. Em escala menor, o mesmo fenômeno começa a ocorrer em torno de interesses comuns nas empresas.

E, antes que alguém fizesse qualquer comentário, tomei de empréstimo uma expressão ouvida havia anos do futurólogo americano John Naisbitt: alta tecnologia exige alto contato humano – a frase original é: *High tech, high touch.*

Ao nos despertar para a relevância da *alta tecnologia*, o autor nos aconselha a não ignorar a importância do *alto contato humano*. Afinal, o primeiro jamais substituirá o segundo.

Além disso, é importante na NeoEmpresa garantir a coerência entre tecnologias, processos e sistemas com o modelo de negócios, a estratégia e o modelo de gestão. A tecnologia deve ser uma ferramenta para viabilizar a tão desejada sinergia com sócios, parceiros e demais partes interessadas e possibilitar pontos de descontinuidades que promovam processos, sistemas e ferramentas diferenciais e decisivos para a empresa.

– Talvez a grande lição que poderíamos tirar de tudo o que foi dito aqui hoje seja a importância de buscar a convergência e o equilíbrio para nos guiar por esse cenário turbulento – disse o Presidente, ao finalizar a reunião. – Ficamos mais conscientes sobre o impacto de algumas das alavancas para o sucesso dos resultados: estrutura ágil e flexível, parcerias complementares e integradas, inovação constante em todos os níveis e, finalmente, a tecnologia, processos e sistemas que facilitem o envolvimento das pessoas e a entrega aos clientes. Resta saber combiná-las na medida certa, como fazem os *chefs* com seus ingredientes ao elaborar os pratos da alta cozinha. A "receita" que deve nos orientar, nesse caso, é a Cultura da empresa. Esse será o tema de amanhã, último dia do nosso encontro. Esperamos todos vocês para nossa conversa final. *Tesekkur ederim*, muito grato, bom descanso e até amanhã!

CAPÍTULO 11 **PAIXÃO, O DIFERENCIAL DAS CULTURAS VENCEDORAS**

Estávamos, finalmente, não mais em uma sala do hotel em Malatya, mas no Monte Nemrut, em uma tenda erguida sobre o solo pedregoso, no mesmo local onde havíamos nos reunido no início de nossa jornada. Os sete pensadores convidados e os cinco dirigentes de uma empresa atormentada pelo futuro atenderam ao chamado para a última reunião de nosso encontro improvável.

O Presidente abriu a sessão assinalando a feliz coincidência: a presença de todos bem no dia dedicado ao tema da Cultura Organizacional, que tem sido o maior desafio entre os aspectos intangíveis de uma empresa e por sua natureza exige uma diversidade de perspectivas. E foi logo agradecendo a boa vontade demonstrada pelos participantes.

Olhei em volta para os notáveis convidados daquela reunião e me lembrei de detalhes que conhecia sobre a infância de Drucker, passada no subúrbio vienense. Filho de um graduado funcionário do governo e de uma consagrada médica, acostumara-se aos encontros promovidos por seus pais, Adolph e Carolina. A casa da família era frequentada por advogados, filósofos, políticos, jornalistas, professores e outros representantes do conceituado mundo intelectual austríaco, conhecido como "círculo de Viena".

Mirei as cabeças de pedra calcária de Zeus, Apolo e de outros ícones da Mitologia Grega e Persa. Aquelas imagens me remeteram ao que provavelmente acontecia na sala de visitas da família Drucker, onde o pensador teve oportunidade de presenciar as animadas discussões entre ícones de carne e osso, como o notável economista Joseph Schumpeter e o psicanalista Sigmund Freud, dois luminares da época.

Schumpeter foi o primeiro a escrever sobre a importância dos empreendedores na sociedade, considerando-os fonte de inspiração para inovações tecnológicas. Foi também um defensor entusiasta da integração da Economia à Sociologia para o melhor entendimento de suas teorias econômicas. Tornou-se mundialmente conhecido pelo conceito de "destruição criativa", segundo o qual os antigos modelos de negócios, mesmo os bem-sucedidos, precisam ser "destruídos", ou melhor, superados, para dar origem ao novo, mais adequado para competir melhor em novas circunstâncias. Esse conceito foi popularizado em seu livro *Capitalismo, Socialismo e Democracia* (1942), que descreve o processo de inovação. Atualmente, considera-se que as teses de Schumpeter sobre ciclos econômicos e desenvolvimento não podiam ser assimiladas por meio do instrumental matemático disponível na época.

O jovem Peter tinha apenas 8 anos de idade quando ouviu do seu pai: "Nunca se esqueça deste dia. Você acabou de conhecer o homem mais importante da Áustria e talvez de toda a Europa". O velho Adolph se referia a ninguém menos que Sigmund Freud, o pai da Psicanálise. As respectivas famílias passavam férias em casas às margens do mesmo lago na Áustria.

O conhecido interesse de Drucker por tantas disciplinas – arte, religião, filosofia, direito, negócios, literatura, psicologia – deve ter sido um reflexo da diversidade de pensadores que frequentavam a sua casa.

Parabenizei o Presidente pela sua iniciativa de convocar tal encontro no Monte Nemrut, convidando sete pensadores, cada qual com uma perspectiva diferente, porém complementar, sobre a realidade e os desafios da NeoEmpresa neste mundo em transe.

– Não posso deixar de revelar minha emoção de estar neste exato momento defronte de sete sábios num local que homenageia mitos gregos e persas – disse a jovem Gerente Financeira.

Não pude evitar a lembrança do afresco *A Escola de Atenas* (1509-10), uma das maiores obras do grande pintor renascentista italiano Rafael Sanzio, que pode ser visto nas paredes da Stanza della Segnatura, perto da Capela Sistina, no Vaticano. A obra mostra um grupo de filósofos de várias épocas ao redor de Aristóteles e Platão, ilustrando a continuidade histórica do pensamento filosófico. Rafael pintou os maiores estudiosos antigos como se fossem amigos que discutiam entre si. Platão segura o Timeu e aponta para o alto, sendo assim identificado com o ideal, o mundo inteligível. Aristóteles segura a Ética e tem a mão na horizontal, representando o terrestre, o mundo sensível. Pitágoras, Euclides, Ptolomeu e Heráclito são outros dos 16 retratados naquele encontro também improvável, mas tornado factível pela imaginação do artista.

Tive a sensação de que aquele "encontro" entre os sábios e os dirigentes da empresa, durante aquela semana, na Turquia, estava sendo uma espécie de aula inaugural da "Escola do Neo*Management*", a escola que iria além dos aspectos tangíveis da Era do *Management* e privilegiaria também o intangível, a marca da nova Era do *Management*.

Paixão: o diferencial da Cultura Organizacional vencedora

A DISCUSSÃO SOBRE A NOVA CULTURA ORGANIZACIONAL foi acalorada e produziu alguns consensos.

A Cultura predominante na maioria de nossas empresas constitui a parte mais difícil da equação da NeoEmpresa. Crenças e pensamentos, como "Você é pago para fazer e não para pensar", "Manda quem pode, obedece quem tem juízo", "O olho do dono é o que engorda o gado", refletem modelos mentais do passado e são incompatíveis com a execução de estratégias vencedoras. Em quase todas as empresas, ainda predomina a "Cultura do Medo" – medo de sair da zona de conforto, medo de inovar e não dar certo, medo de decepcionar, medo de ser punido.

Ficou claro para todos, após intensa troca de experiências, que a maioria dos casos de fracasso não reside apenas na falta de mercado, tecnologia ou capital. Nem na ausência de estratégias inteligentes, pessoas talentosas e parceiros competentes. Não raro, o fracasso decorre da falta de atitudes e posturas adequadas às novas circunstâncias no cenário da "montanha-russa" que simboliza o ambiente empresarial contemporâneo.

Essa posição é fortalecida por Jim Collins, cujo trabalho mais recente destaca que as grandes responsáveis pelo declínio das organizações são as próprias empresas. "Algumas empresas caem ou sobem e isso não é questão das circunstâncias, é questão da escolha consciente e disciplina", afirma o autor de *Por que as Gigantes Caem*. Collins detectou cinco estágios do declínio, aos quais é preciso ficar atento:

- **Estágio 1:** O excesso de confiança proveniente do sucesso.
- **Estágio 2:** A busca indisciplinada por mais.
- **Estágio 3:** A negação dos riscos e perigos.

- **Estágio 4:** A luta desesperada pela salvação.
- **Estágio 5:** A entrega à irrelevância ou à morte.

Compartilhei, então, minha interpretação do trabalho desse importante pensador contemporâneo:

– Podemos localizar nesses estágios do declínio o germe das atitudes inadequadas e da Cultura Organizacional improdutiva. A queda das empresas com frequência decorre da insistência em manter um modelo de gestão ultrapassado. Quando chegam ao sucesso, muitas mantêm o formato que lhes deu bons resultados e se acomodam, ou seja, não buscam inovar ou trazer algo diferente que agregue à empresa. Isso é o que podemos chamar de "arrogância do sucesso" – fulminei.

Contei aos meus colegas a história do Barão de Mauá, o primeiro grande empreendedor brasileiro. Pioneiro da industrialização no país, iniciou a indústria naval, construiu a primeira ferrovia e foi o responsável pela instalação dos primeiros cabos telegráficos submarinos ligando o Brasil à Europa. Fundou o Banco do Brasil, mas se afundou em dívidas e foi obrigado a vender cada uma de suas empresas. Uma das razões do seu declínio teria sido o que Collins aponta no estágio 2 (busca indisciplinada por mais) e o estágio 3 (negação dos riscos e perigos).

– Chegou a hora de as empresas perceberem que criar uma Cultura competitiva é tão importante quanto conceber estratégias inteligentes – bradou o nosso DRH. – A Cultura é um ativo que não aparece nos balanços das empresas. E quando aparece é mais como um passivo, como fonte de conflitos, em vez de fonte de sinergia.

– Concordo plenamente – afirmou a Gerente Financeira. – E de uma coisa podemos ter certeza: no futuro a instalação de uma Cultura Empresarial diferenciada será um componente fundamental de qualquer estratégia vencedora. Terá tanto ou até mais peso para o sucesso do negócio que a estratégia em si.

Todos pareciam concordar que é fundamental cultivar um conjunto de valores, como liberdade, integridade, felicidade, diversidade, sinergia, respeito e compromisso. Ficou também claro que a mudança de uma Cultura Organizacional não é um processo fácil nem confortável. E o processo de implantar uma nova cultura começa com a escolha acertada das pessoas e envolve as atitudes e exemplos que a liderança se dispõe a dar como mobilizadora dessa nova cultura – como se comunicar, educar, mobilizar e apaixonar as pessoas por uma Causa e por um Sistema de Valores.

Pedi para acrescentar algo que considero vital para o sucesso das NeoEmpresas, proposto também por Jim Collins, desta vez no livro *Feitas para Durar* (1997): devemos ter a "sabedoria do e" em vez de nos submetermos à "ditadura do ou". Quer dizer, nem sempre precisamos escolher uma coisa em detrimento da outra, mas buscar a convergência.

Foi a vez de a jovem Gerente Financeira intervir:

– O maior diferencial na Cultura das NeoEmpresas será cada vez mais o grau de apaixonamento, muito mais que comprometimento ou envolvimento, dos seus Colaboradores, Clientes, Distribuidores, Parceiros e demais componentes do negócio.

Ela se referia à paixão dos colaboradores pela marca, pelos clientes, pela equipe e pelo trabalho, paixão pelos valores que a empresa representa e pela possibilidade de superar os obstáculos, pelo futuro que a empresa deseja inventar para si e para aqueles com quem convive. E, finalmente, a paixão dos Clientes, Parceiros, Fornecedores, Investidores e Formadores de opinião pela empresa.

– Uma empresa com a cultura de apaixonamento aumenta receitas, diminui custos, mitiga riscos e acelera retorno nos investimentos – ela insinuou, com um tom simpático.

Para cultivar esse ambiente de apaixonamento, as NeoEmpresas precisam incentivar um conjunto de atitudes, mesmo que de certa forma elas já façam parte do seu repertório.

Antes que pudéssemos listar as atitudes, o Presidente fez uma ressalva. Disse que a grande questão posta para a NeoEmpresa é como traduzir esses valores em atitudes no dia a dia. Ou seja, como praticar os valores que muitas vezes são aceitos, mas esgarçam-se com o tempo e acabam se diluindo nas pressões do cotidiano. Como dar vida à cultura desejada?

Então, um dos gurus, não me recordo exatamente qual deles, levantou uma questão que nos deixou um pouco embaraçados:

– Por falar em atitudes no dia a dia, gostaria de saber o que vocês fazem ao contrário do que deveriam fazer.

– Como assim, fazer o contrário do que deveríamos? – perguntou o Presidente em tom pouco amistoso.

A jovem Gerente Financeira foi logo respondendo:

– Por exemplo, os *feedbacks* negativos são dados em público, na frente de todos, enquanto o *feedback* positivo, isto é, os elogios, damos privadamente. Isso é fazer o contrário do que seria o correto.

Continuamos nos perguntando que outras coisas fazemos ao contrário do que deveríamos fazer e chegamos a outras atitudes opostas às que seriam adequadas:

- Dedicamos pouco tempo para definir causas mais permanentes e gastamos muito mais tempo discutindo detalhes de metas temporárias.
- Investimos pouco tempo na hora de recrutar uma pessoa nova e despendemos muito mais tempo na hora da demissão, sempre postergando a decisão.
- Gastamos muito mais tempo com clientes problemáticos do que com os bons clientes.

A NEOEMPRESA

- Damos desconto a clientes ruins e às vezes até aumentamos os preços para clientes bons.
- Recrutamos as pessoas pela competência técnica e só depois avaliamos pelas atitudes.
- Investimos pouco tempo para entrar em um negócio e muito tempo para sair dele.

Após essa breve troca de experiências e reflexão, resolvemos fazer uma pequena pausa para um almoço frugal – almôndegas (*köfte*) com trigo e carne de carneiro acompanhadas de salada verde e chá gelado.

Prosseguimos nosso trabalho utilizando uma pequena dinâmica. Cada participante do encontro apresentaria uma atitude que considerasse importante para o sucesso da NeoEmpresa. Os sete sábios deveriam apontar aquelas que as empresas precisam passar a praticar e das quais não podem abrir mão para criar o clima e o ambiente produtivo. Os cinco dirigentes da empresa indicariam as atitudes que deveriam ser eliminadas ou desenfatizadas e não toleradas no dia a dia da empresa.

Depois de várias listas e argumentações, concluímos sobre algumas atitudes fundamentais para obter um ambiente produtivo na NeoEmpresa:

Empreendedorismo como estado de espírito. Empreender é a arte de trilhar caminhos ainda não percorridos. Para isso não existe a obrigatoriedade de ter um negócio próprio. Um médico pode ser empreendedor, assim como uma dona de casa, um professor, um pintor e um estudante. Nas empresas, líderes de áreas funcionais como contabilidade, logística, administração e serviços gerais também devem ter o espírito empreendedor na hora de atender a outros setores da empresa que constituem o que se convencionou chamar de "clientes internos".

Atitude de servir. A empresa deve se esmerar em atender todos os seus clientes, quer sejam os consumidores quer sejam os distribuidores dos seus produtos. A empresa respira o prazer em servir clientes quando seus líderes se colocam a serviço das suas equipes, visando sempre contribuir para o desenvolvimento dos seus membros.

Proatividade. O maior inimigo do sucesso é o sucesso. Infelizmente, isso acontece porque ele tende a gerar acomodação tanto nas pessoas quanto nas empresas, em especial nas que lideram o mercado e estão acostumadas a ganhar. O antídoto para a "doença do sucesso" é criar uma cultura de não acomodação, iniciativa, proatividade e insatisfação contínua com os patamares atingidos.

Caráter. A postura de privilegiar os valores é particularmente útil nos momentos iniciais de engajamento de uma pessoa na NeoEmpresa. Quanto aos recrutados, vale a pena seguir uma regra de ouro: preferir líderes que inspiram pelo caráter e pelos valores àqueles que se notabilizam apenas pelo que sabem fazer.

Não adianta contratar técnicos excepcionais, estudantes graduados com louvor, gente com muita cancha no negócio, se essa pessoa jogar no time do "eu sozinho" e não souber trabalhar em equipe, se tiver dificuldades em se relacionar e não se comunicar bem, se for pessimista, ou pior, se cometer deslizes, como distorcer dados ou fazer "fofoca" no ambiente de trabalho.

Assim, a velha máxima que faz referência à "pessoa certa no lugar certo" continua válida na tarefa inicial em uma organização: a de montar sua equipe. Mas é preciso considerar também o "momento certo".

Generosidade. A falta de humildade é o grande calcanhar de Aquiles dos líderes. Alguns mal iniciam sua escalada de sucesso e já começam a ficar arrogantes. Por falta de maturidade ou de preparo, perdem-se no caminho. A humildade não é uma atitude apenas altruísta, ela se reflete em uma série de hábitos diários, como capacidade de ouvir, respeito pelo outro, solidariedade, generosidade, compaixão, disposição para novas oportunidades, defesa do "nós" em detrimento do "eu" e autocrítica de erros cometidos.

Foco e determinação. Saber definir claramente as prioridades e hierarquizar as ações, ou seja, ter foco. Não significa fazer uma coisa de cada vez, pois no mundo atual essa não é uma atitude vencedora. A realidade requer pessoas multifocadas. Porém, como o mundo está cada vez mais fragmentado e oferece múltiplos estímulos, corremos o risco de dispersar nossos objetivos e de empreender esforços na direção errada. Para surpreender pelos resultados é necessário ter muita disciplina, concentração e determinação. Significa não jogar a toalha nunca. Pessoas perseverantes superam os obstáculos, por mais intransponíveis que pareçam. Os verdadeiros líderes são resilientes, mesmo tendo de lutar contra seus medos para transpor momentos difíceis, inesperados e indesejados.

Enumeramos, também, uma lista de atitudes a desenfatizar ou, de preferência, eliminar, pois elas jogam contra a cultura de apaixonamento necessária na NeoEmpresa. Os cinco principais "ismos" são:

Individualismo. Esse é um dos grandes venenos da vida organizacional, familiar e social que impede a integração entre pessoas e entre áreas, prejudicando a sinergia de levar soluções integradas para os clientes ou criando um clima que afasta os mais talentosos que não gostam de viver em desarmonia.

Imediatismo. A visão de curto prazo sempre prejudica o posicionamento dos que precisam garantir os resultados no presente, mas construir, ao mesmo tempo, o futuro. É preciso muito cuidado para não destruir o amanhã pela precipitação imediatista.

Negativismo. Muitos só veem as dificuldades e obstáculos e antes mesmo de avaliar a situação, um projeto ou ideia nova já demonstram rejeição calcados no popular "Isso não vai dar certo". O negativismo é um passaporte para a acomodação, que pode ser suicida nesses tempos de alta volatilidade do mercado.

Comodismo. Com frequência, o sucesso leva à acomodação. Os líderes de sucesso têm tolerância zero ao comodismo, por isso estão sempre reinventando suas estratégias, negócios, formas de atuar.

Paternalismo. Na contramão da meritocracia, a atitude paternalista ainda predominante em certas regiões e em certos setores da Economia é um ranço de uma cultura retrógrada e incompatível com as novas circunstâncias da vida corporativa.

Várias outras atitudes poderiam ser listadas: a busca de culpados, a incoerência entre o que se diz e o que se faz, preconceitos de vários tipos, falta de celebração e reconhecimento. Mas as cinco primeiras foram as que nos pareceram exercer pior impacto, daí merecerem o topo do *ranking* das atitudes a serem eliminadas.

– É necessário que todos compreendam a Cultura da empresa como determinante da capacidade de superar os desafios e entendam que às vezes ela tem de ser mudada, da mesma forma que para modificar o comportamento de uma pessoa às vezes é preciso mudar uma crença – arriscou o nosso Presidente, à guisa de conclusão.

Estávamos encerrando nosso encontro, felizes por termos conseguido esboçar os contornos que uma empresa precisa ter para sobreviver em um mundo em transe, o trem-bala trafegando na montanha-russa.

Todos pareciam entusiasmados com o resultado do encontro, acredito que tanto pela oportunidade de contribuir para a construção de um novo paradigma quanto pela chance de avaliar circunstâncias completamente diferentes daquelas que nortearam o trabalho dos fundadores da ciência da Administração.

Seria essa reunião inverossímil uma semente para lançar as bases dos princípios de uma nova Era do *Management*? Estaríamos contribuindo para uma noção mais clara quanto às características da NeoEmpresa?

INTERVALO **APÓS A BONANÇA, A TEMPESTADE!**

Voltamos na van para Malatya e paramos no bar do hotel para uma merecida cerveja. Quando seguíamos para o *hall* do elevador, eu e o DRH ainda falávamos sobre nossas impressões do encontro, contagiados pela animação reinante. Lá chegando, encontramos com o Diretor de Logística, que nos recebeu com o seguinte comentário:

– Já vi esse filme outras vezes. Ideias que, embora bem-intencionadas, não resistem ao dia a dia das empresas.

A expressão facial do DRH se fechou na hora. Despediu-se e, sem dizer mais nada, dirigiu-se para o seu aposento. Eu também fiz o mesmo. Estava exausto demais para argumentar com o meu colega.

Mal entrei no quarto, o telefone tocou. Era a Gerente Financeira convocando-me para uma reunião urgente. Combinamo-nos de nos encontrar em meia hora num pequeno restaurante vizinho ao hotel.

Quando cheguei, o DRH e a Gerente Financeira já estavam lá. Dava para perceber a agitação no olhar de ambos.

Sem fazer rodeios, o DRH explicou o motivo daquele encontro reservado:

– Depois de todas as atitudes que listamos hoje, não faz mais sentido continuarmos com esse Diretor de Logística.

— Ele está totalmente desalinhado. Nada tem a ver com a empresa que queremos construir — completou a Gerente Financeira.

— Aquele comentário sobre espremer fornecedores foi a gota d'água — acrescentou o DRH. — Vou aconselhar nosso chefe a demiti-lo — declarou o meu colega. E, voltando-se na minha direção, arrematou: — Gostaria de contar com seu apoio.

Pedi aos dois que não se precipitassem, que me dessem a oportunidade de conversar com o Diretor de Logística.

— Acho que sei o que está acontecendo. O problema são as crenças equivocadas que ele tem e não consegue abandonar. Mas creio que é possível fazê-lo perceber como suas atitudes estão presas a um modelo ultrapassado e trazê-lo para a nova realidade.

E, antes que o DRH e a Gerente Financeira esboçassem qualquer reação em contrário, insisti:

— Por favor, deixem-me falar com ele.

Meio a contragosto, os dois acabaram cedendo.

Diante da gravidade do quadro, achei que não valia a pena esperar o jantar. Voltei para o hotel, liguei para o Diretor de Logística e o chamei para uma conversa no bar, "de homem para homem".

Assim que chegou, ele tentou fazer uma piadinha para quebrar o gelo, mas eu mantive a expressão que a situação requeria. Então ele percebeu que a conversa era séria.

Expliquei como suas afirmações recentes haviam caído mal: "Os lucros justificam os meios", "É preciso espremer o fornecedor" e o comentário feito há pouco no elevador: "Ideias bem-intencionadas não resistem ao dia a dia da empresa".

— Você não percebe como suas crenças estão equivocadas? — questionei. — Pois é sobre isso que eu quero conversar. Se não mudar sua forma de pensar, vai ser difícil continuar convivendo com você.

O Diretor de Logística me olhou, atônito, mas não disse palavra. Apenas tomou um gole do seu uísque.

– Você ouviu o que nossos convidados ilustres nos ensinaram? – continuei minha exposição. – Esses seus comportamentos e pensamentos são fruto da crença de que o ser humano é previsível, controlável, egoísta, movido a incentivos monetários, o que se pensava no início do século XX. Como alguém esclarecido como você pode ser um representante do *Homo Economicus* em pleno século XXI?

– As reflexões que fizemos aqui na Turquia nos mostraram que não há mais espaço para essa velha maneira de pensar – prossegui. – Portanto, meu caro, ou você revê seus conceitos, numa boa, de forma sincera, por estar convicto de que são crenças ultrapassadas, ou é melhor você procurar uma empresa cujos dirigentes tenham o mesmo modo de pensar e de agir que você.

– Tudo bem, eu já entendi – disse, contrariado. – Do jeito que você fala, parece fácil, mas não é – murmurou baixinho.

– Seu entendimento sobre o mundo dos negócios e sobre o funcionamento de uma empresa e o universo empresarial é formado por uma série de equívocos – sentenciei.

Muxoxo.

Aí, resolvi jogar a carta que tinha na manga.

– Uma vez você me contou que seu pai faleceu de um AVC grave, lembra-se? Você disse que os médicos nem ousaram medir a pressão dentro do crânio dele para ver que providências poderiam tomar porque esse era um método bastante invasivo que exigia uma perfuração na cabeça e poderia levar a outras complicações.

– Verdade – respondeu ele. – Um dos momentos mais tristes da minha vida.

Então expliquei a ele que acabara de ser desenvolvido no Brasil, por médicos paulistas, um sensor que mede a pressão dentro do crânio, que poderia ter salvo a vida do pai dele, caso já existisse na época. Mas esse sensor não foi desenvolvido antes devido à convicção inabalável, estabelecida desde 1783, conhecida como a doutrina Monro-Kellie, segundo a qual o crânio seria uma caixa rígida.

Só agora, graças a um questionamento dessa crença, pesquisadores resolveram testar a hipótese de que o crânio sofre uma transformação linear quando sua pressão interna aumenta.

Os experimentos mostraram que o consenso de mais de dois séculos estava errado. Agora, sensores baseados em princípios semelhantes aos utilizados para aferir deformações em estruturas rígidas na construção civil (mas devidamente adaptados) podem medir a pressão interna no crânio das pessoas com AVC e traumatismo craniano, evitando o método invasivo de perfurá-lo para inserir sensores na superfície ou dentro do cérebro.

– Os novos sensores, feitos de pequenas placas de polietileno com um fio condutor de eletricidade, são fixados sobre a pele ou sobre o cabelo sem a necessidade de qualquer incisão. Agora vidas podem ser salvas graças à mudança de uma crença arraigada que parecia inabalável.

– Chega! – pediu ele, sem esconder a emoção que tomara conta de si. – Mudar as crenças é duro, dói, por causa da educação que recebemos. Vamos incorporando certos valores, vira hábito, até que acontece o que se passou aqui: somos obrigados a tomar consciência deles. Ou você acha que eu não estou percebendo esse desalinhamento? – deu um suspiro e acrescentou, pausadamente: – Sei que eu preciso rever essa forma de pensar. Resta saber como...

Não respondi. Ouvia ao longe o som de piano no bar. Enquanto isso, o Diretor de Logística parecia organizar seus pensamentos.

SEGUNDO ATO **UM TREM-BALA NA MONTANHA-RUSSA**

Após alguns segundos que pareceram intermináveis, ele tomou a palavra:

– Agradeço por ter me alertado, mas preciso de tempo para pensar.

Concordei e me despedi. Fui até o restaurante do hotel e pedi o jantar: salada, iogurte, verduras e legumes (tomate, pimentão e a onipresente berinjela) recheados e cozidos no azeite. Para acompanhar, escolhi um vinho tinto da Capadócia, da prestigiada vinícola Doluca.

Estava pensando em pedir uma sobremesa quando recebi um torpedo do Diretor de Logística avisando que queria falar com todo o grupo da empresa ainda naquela noite. E avisou que a reunião aconteceria numa sala de estar vizinha ao *lobby* do hotel. Desisti do doce. Apenas saboreei um gole a mais do vinho.

Fui o primeiro a chegar. Depois foi a vez do DRH. Terminado o jantar no restaurante ao lado do hotel, ele retornou aos aposentos, tentou dormir, mas não conseguiu pregar o olho. A Gerente Financeira chegou logo depois, com uma expressão visivelmente sonolenta. Na sequência veio o Presidente. O último a entrar foi o Diretor de Logística.

– Lamento convidá-los para uma reunião a essa hora, mas o assunto não podia esperar o dia de amanhã – justificou-se. – Sei que estou na marca do pênalti. Gostaria apenas de informá-los de que eu quero muito permanecer na empresa e pretendo me esforçar para mudar o que precisa ser mudado e trabalhar nesse sentido.

O silêncio na sala só não era total por causa do ruído das nossas respirações.

– Meu colega do comercial foi bastante didático, ajudando-me a entender como o meu comportamento não estava alinhado com o que se espera da diretoria na nova etapa da empresa e me estimulando a fazer uma análise mais profunda das minhas crenças. Percebi que preciso mudar certas atitudes e vou fazer isso. Pretendo lutar para continuar a ser um membro desse time.

Surpresos, todos, de certa forma, concordaram em dar um voto de confiança ao Diretor de Logística.

- Agora, é melhor descansar - sugeriu o Presidente. - Tivemos um dia cheio!

Na saída, contudo, ele me segurou pelo braço e disse, reservadamente:

- Seu esforço foi extraordinário! Você salvou um caso que eu julgava perdido. Mostrou o grande líder que você é. Estou pensando em promovê-lo a um dos vice-presidentes da empresa. - E depois, com certa ironia, acrescentou: - Mas só farei isso quando você cumprir o compromisso de identificar e aprovar na diretoria o nome do seu sucessor.

TERCEIRO ATO
O RENASCIMENTO DO LÍDER

CAPÍTULO 12 SOLTE SUAS AMARRAS: LIBERTE-SE DOS MITOS SOBRE LIDERANÇA

Primeiro mito: líder é quem ocupa cargo

Enquanto caminhava pelas redondezas do Centro Arqueológico de Gaziantep, recordei-me de um grande exemplo de liderança. Sua impressionante coleção de mosaicos inspirou-me a fazer uma segunda e mais demorada visita ao local antes de terminar a viagem. Vizinho ao museu há um estádio, que estava cercado por várias barracas que vendiam camisetas dos times de futebol locais. Ao observar uma delas com o número oito estampado, lembrei-me de um dos maiores jogadores que vestiram a camisa oito pela Seleção Brasileira: Didi, considerado o "príncipe do futebol".

A partida final da Copa do Mundo na Suécia, no dia 29 de junho de 1958, foi disputada pelo Brasil, franco favorito, e pela Suécia, os donos da casa. Aos quatro minutos do primeiro tempo, a Suécia, para surpresa de muitos, fez o primeiro gol. Os supersticiosos o atribuíram ao fato de o Brasil ter entrado em campo com uma camisa azul e não com a tradicional amarela. É que a Suécia também tinha essa cor no seu uniforme oficial e, na qualidade de anfitriã da Copa, tinha a preferência sobre o uso da camisa.

Esse gol deixou os brasileiros apreensivos. Temia-se um repeteco do que acontecera no Maracanã, oito anos antes, quando o Brasil, apesar do amplo favoritismo, no momento mais fatídico da história do seu futebol, perdeu o jogo e a Copa para o Uruguai.

Porém, de forma inesperada, aconteceu a grande lição sobre liderança: Didi foi até o fundo das redes, pegou a bola, colocou-a debaixo do braço e foi andando até o centro do campo. Começou a conversar com seus colegas de seleção. Zagalo, ponta-esquerda do time, pedia pressa; Didi pedia calma, mostrava firmeza.

– Eu vi aquilo e corri para pegar a bola. O Botafogo havia metido 4 × 1 ou 4 × 2, três ou quatro meses antes, no time da Suécia. Eu queria usar aqueles segundos para lembrar a Garrincha, Nilton Santos e Zagalo que já havíamos passado por aqueles gringos – contou Didi, anos depois.

Seus 27 passos mudaram a história daquela partida e a do futebol mundial. Pedindo aos jogadores que dessem o melhor de si, Didi conseguiu mobilizar todos em torno do Propósito Comum. Fez o que um verdadeiro líder precisa fazer. O resultado pôde ser conferido no placar. O Brasil virou o jogo e venceu por 5 × 2.

Didi não marcou nenhum gol, mas foi o herói da partida. Ele não era o presidente do time nem da Confederação Brasileira de Desportos (CBD), que até a fundação da CBF, Confederação Brasileira de Futebol, em 1979, era a encarregada de gerir os campeonatos de futebol. Também não era o "diretor", cargo ocupado por seu técnico, Vicente Feola, nem o "gerente", função exercida por seu "capitão", o zagueiro Belini. Didi não precisou do cargo para exercer a liderança naquele momento de decisão. E, assim, em 1958, ele demoliu o "primeiro mito da liderança".

TERCEIRO ATO **O RENASCIMENTO DO LÍDER**

Mas não é apenas do mito de que é preciso ter um cargo para exercer a liderança que precisamos nos libertar. Há pelo menos outros quatro mitos sobre a liderança nos aprisionando. Essas ideias ficam perambulando por aí na cabeça das pessoas e frequentando mesas de jantar, sofás de visita, salas de reuniões, gabinetes de executivos, leitos e travesseiros confidentes.

Pensava nelas enquanto observava o enorme mosaico do Centro Arqueológico de Gaziantep que retrata a lenda de Pasífae e do labirinto construído por Dédalo para confinar o Minotauro, o touro mitológico.

Várias vezes me defrontei com a dúvida sobre a liderança ser de fato inata ou poder ser aprendida; se, para ser eficaz, o líder precisa, obrigatoriamente, ser carismático e qual o estilo ideal de liderar; e se o líder deve ser julgado pela quantidade de seguidores que possui.

Essas questões não me assombram mais. Para pilotar um "trem-bala em uma montanha-russa", a metáfora que está inspirando a nossa visão da NeoEmpresa, precisamos mudar a forma de pensar e de exercer a liderança.

Temos a oportunidade de demolir cinco mitos bastante enraizados e difundidos pelo senso comum, que não corresponde necessariamente ao bom-senso. E assim, como o herói ateniense Teseu, derrotar o Minotauro.

Segundo mito: a liderança é inata

A CRENÇA DE QUE **LIDERANÇA VEM DO BERÇO** precisa ser vigorosamente combatida. Não há evidência de que seja verdadeira. No início da minha carreira, eu acreditava nisso, mas as experiências que fui colecionando ao longo da vida profissional me fizeram ver o quanto essa crença é infundada. Ninguém nasce líder. Uma pessoa pode **aprender** a ser líder.

Infelizmente, a crença de que a liderança é inata conduz a inúmeros erros na hora de selecionar candidatos, promover profissionais, escolher parceiros, educar filhos, relacionar-se com alunos.

Já ouvi de muitos empresários e executivos a afirmação categórica: "Fulano nasceu para ser líder!" A pessoa é contratada e promovida rapidamente a posições de liderança. Só mais tarde descobrem que aquele "DNA de líder" não existia, era uma mera ilusão de percepção, ou melhor, de concepção.

Também é comum a situação inversa: empresários, líderes políticos, professores e pais que tiram conclusões e com desdém vaticinam: "Beltrano não nasceu para líder!" Essa crença se tornou um modo "eficiente" de castrar o potencial de uma pessoa diminuindo sua autoestima e fechando as portas para ela exercer sua parcela de influência e liderar situações em que poderia ser útil. Cria, assim, enorme prejuízo no capital intelectual de uma família, de uma empresa e na sociedade.

Mais tarde esses "falsos profetas" se surpreendem quando pessoas que tiveram o atributo de liderança negado por eles começam a brilhar como líderes em outras circunstâncias, em outras organizações ou empreendendo seu próprio negócio, empunhando uma bandeira social ou simplesmente se destacando por um feito notável.

O que mais me espanta é a frequência com que isso ocorre entre líderes estabelecidos, alguns deles esclarecidos e eruditos. Sabem apreciar uma obra de arte e distinguir de olhos fechados certas marcas e até as safras dos melhores vinhos, mas nem sempre conseguem reconhecer o potencial de pessoas da sua convivência.

Não é menos decepcionante perceber como muitos jovens, estudantes, filhos de empresários, candidatos a empregos, *trainees* e até mesmo executivos, acabam se deixando dominar por esse mito e se acomodam, refugiando-se em atividades que exijam o mínimo de interação com outras pessoas.

A dura realidade nos ensina que nem sempre "filho de peixe peixinho é". Vemos, sim, o contrário, ou seja, filhos de líderes poderosos que se transformam em herdeiros medíocres e, salvo raras exceções, em líderes desastrosos. É como uma árvore frondosa, tão poderosa que sob a sua sombra as sementes não frutificam como deveriam.

Lembrei-me de vários exemplos do mundo real. Fechei os olhos por alguns segundos, pensei nos filhos de poderosos líderes políticos, empresários e celebridades e tentei enumerar quantos deles têm sido exemplo de competência. O saldo foi bastante pobre. Eles são mais exceções que a regra.

Felizmente, para a Humanidade, o "DNA de líder" não existe. Nenhuma das características que tornam um líder eficaz pode ser transmitida geneticamente. Ainda bem que não é possível clonar líderes feitos à imagem e semelhança de antecedentes nem de outros líderes que possam servir como "modelo". Cheguei a sentir um calafrio ao cogitar a possibilidade de o DNA de líderes do mal ser injetado em cobaias humanas.

Terceiro mito: carisma é fundamental

LIDERANÇA NÃO É SINÔNIMO DE CARISMA, nem de falar bem, muito menos de extroversão e simpatia. São crenças improcedentes.

Se uma pessoa tem carisma, ótimo, isso facilita o exercício da liderança. Mas, se não tem, não está impedida de liderar. O carisma pode até alavancar o líder, mas não substitui outras forças necessárias. O líder eficaz precisa ter conteúdo. Afinal de contas, "saco vazio não para em pé por muito tempo". Pois é, líder vazio, só cheio de carisma, tem um prazo de validade limitado.

Lembrei-me dos inúmeros líderes competentes, nos quatro continentes, cujo grau de carisma não é muito elevado. Mas isso não os impediu de exercer a liderança de forma eficaz.

Até pessoas tímidas podem ser líderes eficazes quando sabem construir com suas equipes o rumo a seguir, têm coragem para tomar decisões difíceis e cercam-se de profissionais que os complementam, inclusive para compensar seu baixo nível de carisma quando as circunstâncias exigem.

Ah, quanta gente perde a chance de exercer liderança porque se julga tímida e pouco carismática... Precisamos fugir dessa armadilha mental!

Quarto mito: existe um estilo ideal de liderança

OUTRO ENGANO CRIADO POR SIMPLIFICADORES e reducionistas da realidade. Muitas empresas e pessoas se baseiam em um esquema de pensamento que reduz a ação do líder a duas dimensões: foco nas pessoas e foco nas tarefas, como se o mundo empresarial e da liderança fosse apenas bidimensional.

Em nome de simplificações como essas, muitos treinamentos gerenciais cometiam a violência de querer transformar as pessoas naquilo que não são.

A busca do estilo ideal de liderança leva à recorrente discussão sobre o que é melhor: se líderes participativos ou líderes centralizadores, com o viés tendencioso de sempre apontar os participativos como melhores e mais eficazes.

Sinto muito também contrariar essa pretensa tese. Conheço muitos líderes participativos que são um fiasco e alguns líderes centralizadores que, dependendo da situação, conseguem ter sucesso em missões específicas.

TERCEIRO ATO **O RENASCIMENTO DO LÍDER**

Toda essa rodada de conversas com os gurus me mostrou que não existe o estilo ideal de líder, pois isso varia em função das circunstâncias. Continuo achando que uma das melhores contribuições ao pensamento sobre a liderança é o antigo e ao mesmo tempo moderno conceito de *Liderança Situacional*, inicialmente formulado pelo cientista do comportamento Paul Hersey, há cerca de quatro décadas.

Outra expressão adequada aos novos tempos seria *Liderança Compartilhada* para se referir aos líderes que tanto dividem com sua equipe a responsabilidade pela formatação da estratégia, a execução e o resultado dos empreendimentos quanto encorajam os membros da equipe a assumir a liderança em momentos específicos, permitindo a fluidez do exercício da liderança.

Não vou mais perder meu tempo em busca do estilo ideal em modelos teóricos ou exemplos externos. O perfil ideal de líder reside na capacidade de cada um potencializar suas melhores qualidades e saber lidar bem com as diferentes circunstâncias. O estilo ideal está potencialmente dentro de cada líder!

Quinto mito: o líder forma seguidores

Os filmes de Hollywood e boa parte da literatura cravaram na nossa memória uma imagem, intensificada a partir da Segunda Guerra Mundial, sobre o que significa liderar: uma pessoa andando na frente com uma legião de seguidores atrás, ou alguém discursando diante de entusiasmada plateia.

Esses heróis se tornaram o símbolo do modelo mental da Era do Comando, o paradigma de liderança e gestão das últimas cinco décadas.

Pois bem, após essa jornada chego à conclusão de que o verdadeiro líder não é necessariamente quem tem gente *atrás* de si, mas quem tem gente *em torno* de si. Esse é o "Líder 2.0", aquele que constrói o futuro com sua equipe, em vez de simplesmente comandá-la.

Ufa! Ao concluir essas reflexões, senti-me como Teseu. Por alguns momentos, tive a convicção de estar decifrando o labirinto da liderança.

Uma parte do labirinto, a que faz as pessoas se perderem, eu já havia vencido: encontrar as respostas que buscava ao decifrar os mitos que me aprisionavam e me libertar deles. O mais curioso é que isso aconteceu perto do local que inspirou a criação da mitologia grega. Parecia ironia do destino que minha libertação dos mitos da liderança tivesse ocorrido justamente ali.

Precisava, agora, encontrar a porta de saída. Diz a lenda que Teseu achou o caminho de volta graças a um novelo de fio mágico cuja ponta deixou atada à porta do labirinto. Na hora de sair, bastou seguir o fio que desenrolara. Que espécie de fio mágico eu preciso conhecer?

CAPÍTULO 13 AS FORÇAS DO NEOLÍDER

Na manhã seguinte, após mais uma caminhada, iniciei o percurso de volta ao hotel, que fica um pouco afastado do centro da cidade de Malatya. Dessa vez não havia o risco de me perder como na ocasião em que tive dificuldade de ler as placas indicativas do nome das ruas. Agora estava mais afeito, percorrendo um novo tipo de "labirinto" construído no meio de diversas plantações de damasco. O aroma das frutas nessa época do ano era bastante agradável.

Fiquei imaginando como se sentia Ulisses, um dos maiores heróis gregos, durante a sua célebre Odisseia, a viagem de volta para Itaca, sua cidade natal, e para Penélope, sua esposa. Um dos trunfos que ele utilizou para vencer a guerra e retornar foi a construção do "cavalo de Troia", do qual foi um dos idealizadores.

- Que artefato eu precisaria construir para "vencer a guerra" contra o modelo atual da liderança? As conversas com os gurus tinham mostrado que os velhos atributos do que era considerado um líder eficaz foram concebidos para uma realidade que não existe mais, portanto estavam com os dias contados. Sabia bem disso. Mas qual o modelo a ser construído para viabilizar e inspirar os NeoLíderes?

A NEOEMPRESA

Por toda a parte percebemos a escassez de líderes, em qualidade e quantidade, não só no mundo político. A escassez de líderes corrói as empresas, as escolas, as famílias e as comunidades. Enquanto isso, proliferam em posição de liderança indivíduos cujos valores são no mínimo questionáveis. Os jornais nos surpreendem com as peripécias de líderes oportunistas em vários países.

A severa turbulência que tem abalado a estrutura financeira mundial nos últimos anos, causando enorme onda de desemprego e afetando a vida de milhões de pessoas, não se origina apenas de um problema de escassez de crédito, mas também de falta de líderes responsáveis. Assistimos a uma crise de valores na qual interesses pessoais de curto prazo puseram em risco a sustentabilidade do sistema e levaram ao caos antigos ícones do mundo moderno, fazendo ruir as bases de economias antes tidas como sólidas. A crise é, principalmente, de liderança!

Assistimos ao triste espetáculo de empresas sólidas se desmancharem quando o fundador deixa seu cargo. Faltam sucessores preparados. Na maioria ainda predominam os chefes aos líderes. Ficamos surpresos ao tomar conhecimento de que as empresas gastam verdadeiras fortunas apenas para formar gerentes mais eficientes, mas não conseguem formar líderes eficazes. Na nossa empresa, muitos empreendimentos potencialmente vitoriosos sucumbiram diante da triste constatação: "A ideia é boa, mas infelizmente não temos quem possa liderar esse projeto!"

Três ou quatro projetos que defendi no ano passado foram barrados pelo Conselho de Administração com base nessa justificativa. Para complicar as coisas, eu mesmo tenho de reconhecer, como me alertou o Presidente, que ainda não identifiquei um sucessor. Tenho até um substituto, de curto prazo. Se algo me acontecer, sabemos quem vai assumir meu lugar. Mas não tenho um sucessor sendo preparado para o longo prazo.

TERCEIRO ATO **O RENASCIMENTO DO LÍDER**

Também faltam líderes inspiradores nas escolas. Eis alguns sintomas dessa carência: professores que raramente conseguem despertar a atenção de alunos desmotivados e indisciplinados, educadores intimidados por crianças que nem sequer chegaram à adolescência, uso crescente da violência verbal e até mesmo física para resolver desavenças, jovens mais informados até que mestres despreparados. Em muitas comunidades, as adversidades de infraestrutura básica são tão severas que o ofício de ensinar transforma-se quase em uma operação de guerra diária. Nosso modelo educacional em geral tem formado profissionais para uma realidade já ultrapassada. Nossos educadores não estão conseguindo preparar estudantes para enfrentar os desafios do futuro.

Muitas vezes, o que ocorre nas salas de aula é reflexo do que acontece em casa. Pais que não sabem mais negociar limites e reagem com incrível submissão a hábitos e desejos absurdos e irrealistas dos filhos. Infelizmente, deixaram de ser exceção as histórias de filhos agredindo e, em casos mais extremos, até assassinando os próprios pais. Ficamos chocados com as reportagens sobre adultos mantendo crianças em cativeiros e com a prática de abuso sexual na própria família. Também aumenta o número de divórcios, muitas vezes causados pela falta de compartilhamento da liderança, que tem levado um dos membros do casal a buscar alternativas à tirania do outro.

Nas ruas e em eventos públicos e esportivos, assistimos estarrecidos aos atos de vandalismo e violência que assustam quem sai de casa para trabalhar ou em busca de lazer. Não raramente, a competência para influenciar pessoas e para aglutinar interesses é utilizada para prejudicar inocentes, como é o caso de algumas torcidas organizadas, cujos integrantes se cadastram formalmente, não apenas para torcer pelos seus times, mas para provocar, agredir e travar batalhas campais, como se estivessem em uma guerra.

A NEOEMPRESA

A maioria dos profissionais queixa-se de que não consegue o tão sonhado equilíbrio entre as diversas dimensões das suas vidas – profissional, familiar, pessoal, espiritual, financeira, física e social. O grau de infelicidade e frustração é muito maior do que imaginamos em vários segmentos, não apenas entre executivos, mas também entre médicos, advogados, engenheiros, arquitetos, comerciantes e empreendedores de modo geral. As causas são recorrentes: dificuldades para liderar equipes, falta de comprometimento das pessoas, desavenças entre sócios, ausência de reconhecimento, problemas de comunicação, sentimento de injustiça, resultados insatisfatórios, conflito de valores, sobrecarga e mau gerenciamento das prioridades e do tempo.

No momento em que o mundo dá sinais de doença, ao deixar transparecer essa preocupante escassez de líderes, tamanha crise de valores e infelicidade generalizada no trabalho, nas escolas, em casa e nas comunidades, pouco adianta ficar tentando melhorar as bases sobre as quais as regras do jogo foram concebidas. Só reinventando – e com inovações corajosas – é que poderemos encontrar soluções para o que nos aflige.

Então, comecei a rabiscar mentalmente os contornos do NeoLíder. Estava se delineando para mim, naquela caminhada dentro do labirinto entre as plantações de damasco nas redondezas de Malatya, uma espécie de encontro comigo mesmo. Era como se me preparasse para ressurgir como um novo líder, mais adequado para esse mundo em transe.

– Se eu desejo ajudar a construir uma empresa mais saudável, uma família mais feliz, relacionamentos mais duradouros e comunidades mais solidárias, tenho de mudar minha forma de pensar sobre a liderança e de exercê-la. Preciso evoluir do modelo herdado da Era Industrial, o Líder 1.0 – baseado no binômio "comando e controle", cujos alicerces estão ruindo –, para um mais apropriado à época atual, o Líder 2.0!

TERCEIRO ATO **O RENASCIMENTO DO LÍDER**

Estou convencido de que as empresas vencedoras nessa nova época serão as que souberem montar verdadeiras "fábricas de líderes". Fala-se muito no tripé da sustentabilidade: os pilares econômico-financeiro, social e ambiental. No meu entender, falta, contudo, um importante pilar, o cultural, e um quinto, que considero o principal: a capacidade de desenvolver líderes em todos os níveis, não apenas no topo. A sobrevivência – ou, se preferir, a longevidade, a perpetuidade, a sustentabilidade a longo prazo das empresas – será diretamente proporcional à sua capacidade de desenvolver líderes de qualidade, além de oferecer produtos e serviços de excelência. Líderes eficazes, repito, não apenas gerentes eficientes.

Precisamos de mais "empresariamento" e menos gerenciamento, isto é, de menos gerentes nos níveis intermediários e mais "líderes empresariando a excelência".

Quais são, então, as competências desse NeoLíder que tanto precisamos desenvolver? Como podemos transformá-lo de um líder motivador para um líder inspirador mais adequado aos novos tempos?

Minha cabeça fervilhava enquanto caminhava. Estava ansioso para chegar e concluir logo esses pensamentos que me atropelavam.

Também não via a hora de voltar à fascinante Istambul. Fiquei encantado com a atmosfera daquela cidade caleidoscópica: as árvores centenárias nos parques, os canteiros de tulipas nos jardins, a simplicidade e a gentileza do seu povo.

O meu interesse pela Turquia despertou em 2005 depois da leitura do livro *Istambul, Memories and the City*, escrito por Orhan Pamuk, que um ano mais tarde ganharia o Prêmio Nobel de Literatura. Pretendia me sentar na praça de Sultanahmet e me posicionar no eixo que liga Haghia Sofia, a impressionante basílica bizantina do século VI, à imponente Mesquita Azul, com seis minaretes e uma cúpula de fazer perder o fôlego, construída no século XVII. Mais de mil anos separam esses dois ícones. Duas culturas, dois credos, o encontro do Ocidente com o Oriente, a possibilidade de síntese que eu tanto procurava.

Foi, aliás, esse desejo de síntese que despertou meu interesse pelo atual emprego. O Presidente me conquistou quando disse acreditar no pragmatismo norte-americano associado ao humanismo europeu como filosofia de gestão.

Fiquei fascinado pelo seu gosto pelas artes e percebi que ele apreciou muito quando, respondendo à pergunta sobre que tipo de arte eu admirava, falei de Shakespeare e de pintores como Bosch, Giotto, Botticelli, Salvador Dalí, Picasso e dos impressionistas como Cézanne, Renoir e Monet, todos artistas precursores de uma nova Era, cada um na sua época.

Pensei na admiração que sinto pelo meu atual líder e nas oportunidades que tive, ao longo da minha carreira, de conviver com líderes inspiradores em diversas partes do mundo. Homens e mulheres, alguns bastante jovens, diferenciados, notáveis, e aqueles que são anônimos por não ocuparem cargos nem posição social de destaque, mas exercem a liderança de forma competente.

Inspirado pela convivência com líderes de carne e osso e baseado na minha própria prática como executivo nas missões que cumpri e no que pude aprender dos encontros com os diversos gurus ao longo desta semana, comecei a formular o perfil do NeoLíder.

Esse novo tipo de líder se destaca por reunir algumas características. Poderia considerá-las como as "Cinco Forças de um Líder Inspirador":

Constrói Causas com suas equipes, em vez de apenas oferecer empregos, tarefas ou metas. O NeoLíder fornece às pessoas aquilo que mais desejam: significado para suas vidas, uma bandeira, uma razão de existência. Acreditam que elas estão dispostas a dar o melhor de si e até a fazer sacrifícios, desde que se identifiquem com uma Causa, um

Porquê para o seu cotidiano. O NeoLíder turbina as pessoas, maximiza o uso da energia humana por meio de Causas que lhes alimentem a convicção de que podem mudar o mundo com seu trabalho e engajamento.

Forma outros líderes, em vez de apenas seguidores. O NeoLíder não se satisfaz em ter atrás de si um grupo de pessoas seguindo fielmente o rumo traçado e recompensadas pela sua lealdade. É aquele que tem em torno de si pessoas capazes de exercer a liderança quando necessário. Cria mecanismos, atitudes e posturas que estimulam o desenvolvimento do líder que existe dentro de cada um. Forma, assim, outros líderes, seu maior legado para o futuro da organização, da sua família e comunidade.

Constrói pontes, em vez de paredes. O NeoLíder atua onde faz diferença. Não comanda apenas uma equipe de subordinados dentro das paredes de uma empresa. Exerce a liderança também "fora", para cima e para os lados: lidera clientes, parceiros, comunidades e influencia chefes, colegas e acionistas. Atua como um integrador entre equipes na empresa, construindo pontes entre pessoas, com os Clientes, Parceiros, Fornecedores e Comunidades. O gestor é o elo de ligação entre as pessoas na linha de frente e os clientes da empresa.

Faz mais que o combinado, buscando excelência onde atua. O NeoLíder não é aquele que apenas cumpre metas, mas aquele que faz mais do que o combinado, surpreende pelos resultados incomuns que obtém de pessoas comuns. Sabe compatibilizar o hoje com o amanhã. Garante o presente enquanto constrói o futuro.

Inspira pelos valores, em vez de se fiar apenas na hierarquia ou no carisma. O NeoLíder constrói um mapa de atitudes em torno de valores que são explicitados, disseminados e praticados. Cria um clima de ética, integridade, confiança, respeito, transparência, aprendizado contínuo, inovação, paixão e humildade. Educa pelo exemplo. Prima pela coerência entre o que diz e o que faz. Lidera a si mesmo antes de pretender liderar os outros. Ajuda a libertar as pessoas, criando condições para que assumam responsabilidades e exerçam seu potencial. Os NeoLíderes colocam os valores no centro das decisões e tornam as questões de princípios pessoais inegociáveis.

– E daí? – perguntei a mim mesmo, em voz alta, absorvendo o modo de provocar reflexões utilizado pelos gurus. – Quais desses pontos você já pratica? Quais precisa praticar mais? – A resposta estava na ponta da língua: – Preciso evitar atuar no novo jogo da liderança usando a velha forma de pensar que nos prende ao passado.

Um pensamento muito forte me perturbou mais uma vez: liderança não envolve apenas a gestão de pessoas, como normalmente se atribui. A liderança plena abrange a gestão de pelo menos seis dimensões da vida empresarial. Para facilitar a reflexão, prefiro substituir o termo "gestão" (típico da Era do *Management*) por "empresariamento" (mais adequado para a nova Era do *Management*).

Além das "Cinco Forças", o NeoLíder precisa ter maestria não apenas no empresariamento de pessoas, mas em diversos outros eixos de competências. Comecei a enumerá-los mentalmente. O NeoLíder precisa ser competente no empresariamento de: (1) Resultados geradores de Valor; (2) Clientes; (3) Parceiros; (4) Tecnologia e, por que não dizer?, (5) no Autoempresariamento, que seria a condução em equilíbrio das diferentes dimensões da sua vida.

Para isso não basta lançar mão das ferramentas mais atualizadas se o pensamento sobre estratégia e clientes continuar o mesmo. É preciso que o líder se empenhe mais no "como pensar", enriquecendo seus conhecimentos sobre Filosofia, História e Arte para uma educação e um *mindset* mais completos que lhe permitam sair do tecnicismo do aprendizado sobre o exercício da liderança.

– Quero enfatizar uma coisa. Talvez seja o mais intangível de tudo – pensei em voz alta. – Nada disso funciona se o líder não for, antes de tudo, um líder de si mesmo. Quando falamos de liderança sempre pensamos em liderar os outros. Precisamos começar a pensar em liderar a nós mesmos. O NeoLíder tem de ser líder da própria vida. E para isso precisa ter uma profunda percepção das suas emoções, de pontos fortes e fracos, de seus impulsos, desejos e necessidades. Por isso, uma competência essencial do NeoLíder é o **Autoempresariamento**.

Essa competência é demonstrada na capacidade de ser um exemplo de gestão equilibrada das diversas dimensões da vida – familiar, profissional, saúde e cidadania. Um exemplo prático? Quando o líder consegue engajar toda sua família no projeto profissional e evita situações de conflito. Lembrei-me de colegas que receberam uma promoção que exigia a transferência para outra cidade. Algum familiar se recusava e o profissional era obrigado a rejeitar a oferta que poderia beneficiar toda a família a longo prazo.

O autoempresariamento fica evidenciado quando o líder demonstra coerência entre o que diz e o que faz, quando transforma seu *network* pessoal em oportunidades de negócios para a empresa, alavancando negócios e criando oportunidades a partir de sua imagem pessoal.

– Quem possui um elevado nível de autoconhecimento – continuei falando em voz alta – sabe o efeito de seus sentimentos sobre si mesmo, sobre as outras pessoas e sobre seu desempenho. Por exemplo, um líder que reconhece sua dificuldade em lidar com prazos muito curtos planeja seu tempo cuidadosamente e delega tarefas com antecedência. Recordei bem aquele diálogo com Drucker: "O senhor é um leitor ou um ouvinte?" Agora percebia com clareza a sabedoria daquela questão.

– Quem se conhece bem sabe aonde quer chegar e por que. Assim, é capaz de recusar uma oferta de trabalho financeiramente tentadora se for contra seus princípios ou não se alinhar com seus objetivos de longo prazo. Por outro lado, quem não se conhece acaba tomando decisões que geram insatisfação interior por ferirem valores profundos.

E continuei afirmando para mim mesmo: quem se conhece admite seus fracassos e até relata essas situações com bom humor – uma das características de quem se conhece bem é a capacidade de rir de si mesmo. A outra é a autoconfiança, que o leva a apostar em seus pontos fortes. Mas sabe pedir ajuda, se necessário.

Decifrar-se é o mais complexo dos enigmas da liderança. E fulminei:

– **Liderar-se talvez seja o verdadeiro enigma do NeoLíder.** Ninguém consegue liderar os outros enquanto não aprender a ser líder de si mesmo! – repeti, saboreando cada palavra. – **O verdadeiro líder tem de ser um líder de si mesmo.** Esse era o maior de todos os achados.

Eu não conseguia conter o meu entusiasmo. A sensação era de ter encontrado algo equivalente ao novelo de fio mágico que possibilitou a Teseu achar o caminho para sair do labirinto. Enquanto pensava nisso, enfiei a mão no bolso e apanhei o *tespih*, o colar de contas de âmbar que eu comprara naquela manhã para dar de presente à minha mulher. Hayal, nosso motorista, havia nos explicado que ele também é usado para rezar, meditar, buscar a paz interior. Segurei com firmeza aquelas contas na palma de minha mão, fechei os olhos e tracei meu objetivo: "Agora vou seguir o fio que desenrolara no labirinto da liderança".

Respirei bem fundo e já meio sonolento guardei o *tespih* outra vez no bolso e entrei no hotel. Sem sequer trocar de roupa, dormi profundamente.

ATO FINAL
A HORA É AGORA!

A HORA É AGORA!

– **Não vou me limitar** a falar sobre ações da minha diretoria, a comercial, como fizeram os colegas que me antecederam acerca de suas respectivas áreas. Prefiro falar sobre a necessária reinvenção da nossa empresa. Vou começar listando algumas ideias mortas que precisamos sepultar de uma vez por todas. Em seguida, apresentarei um conjunto de tarefas, como se fossem *Os 12 trabalhos de Hércules*, que nos ajudarão a inventar a nossa NeoEmpresa. Isso mesmo, vamos pensar em conjunto sobre a nova empresa que precisamos construir se desejamos ter um futuro!

Essas foram as primeiras palavras da minha apresentação no sábado pela manhã, último dia da convenção naquele belo *resort* do litoral brasileiro. Pedi desculpas por não ter comparecido ao jantar e ao *show* musical da véspera.

– Enquanto todos se divertiam, dormi profundamente e "participei" de um encontro improvável, mas necessário e possível de imaginar, que mudou a minha forma de pensar. Foi um sonho, mas gostaria de compartilhar minhas conclusões com vocês – disse antes de dirigir um sorriso enigmático e de agradecimento à jovem Gerente Financeira pela sua irreverência e criatividade, que tinham viabilizado essa "viagem".

Dispunha de apenas uma hora, não podia desperdiçar um minuto sequer. Fui direto ao ponto. A seguir, faço um resumo da apresentação que fiz aos meus colegas naquela manhã.

Ideias mortas que precisamos sepultar

BOA PARTE DO NOSSO ENTENDIMENTO sobre o mundo empresarial e sobre a forma como concebemos, organizamos e operamos nossas empresas é baseada em um conjunto de equívocos, ideias cujo tempo já passou, mas que continuam, como fantasmas, a nos rondar.

Da mesma forma que a Humanidade, para dar alguns passos adiante, precisou sepultar certas ideias ultrapassadas – o Sol gira em torno da Terra, o dia tem 24 horas, a caixa craniana do ser humano é rígida, o mundo foi criado em seis dias, o ser humano não pode voar, entre tantas outras –, precisamos nos livrar de alguns pensamentos e crenças da Era do *Management* que podem ter sido úteis no passado, mas não funcionam mais. Estão mortas. Precisamos sepultá-las a fim de que parem de nos atormentar, desocupem o nosso tempo e deixem de guiar decisões equivocadas sobre nossas carreiras e o modo de organizar nossas empresas.

Sobre a empresa e sua estratégia

A EMPRESA É O CENTRO DO UNIVERSO CORPORATIVO. Essa maneira de conceber a vida empresarial causa disfunções no posicionamento da empresa, na organização do trabalho, no entendimento do papel de cada um e no exercício da liderança. Melhor pensar que quem está no centro são os componentes do nosso modelo negocial: Clientes, Colaboradores, Parceiros, Distribuidores, Fornecedores, Investidores e demais partes interessadas.

ATO FINAL **A HORA É AGORA!**

O maior concorrente de uma empresa é quem fabrica os mesmos produtos ou presta os mesmos serviços. É mais fácil culpar o concorrente pelo insucesso no negócio. Na realidade, o maior adversário de uma empresa está quase sempre dentro da própria casa: falta de clareza no rumo, estrutura inadequada, falta de integração entre as áreas, atitudes e práticas equivocadas sobre os clientes, as pessoas e os parceiros. A desintegração entre pessoas e entre departamentos cria um custo invisível considerável, da ordem de 15% do nosso custo total, que deveria ser contabilizado no balanço da nossa empresa. Perdemos talentos e clientes vão embora devido à falta de integração. Quanto custa isso? Vamos monetizar e contabilizar esse custo?

Tamanho é documento, ser grande é importante para o sucesso. Esse pensamento está nos bastidores da onda de fusões e aquisições que presenciamos. Mais da metade das fusões fracassa ao não cumprir os benefícios econômicos prometidos por seus arquitetos. Muitas vezes, o valor da empresa comprada é até destruído. Na maioria dos casos, o valor de mercado resultante da fusão acaba sendo menor que a soma do valor individual de mercado das empresas antes da fusão. Vários estudos também indicam a existência de uma correlação negativa entre o tamanho das empresas e a sua rentabilidade. Nem sempre a maior, a líder do setor, é a mais rentável. Tamanho pode inflar o ego e a conta bancária de executivos ansiosos por ganhar bônus decorrentes do aumento dele, mas não garante sucesso nem longevidade. Melhor pensar que a autossustentabilidade de uma empresa decorre de fatores mais qualitativos, tais como seu posicionamento e um modelo de negócio coerente com o modelo de gestão.

Ser pioneiro no lançamento de um produto ou serviço é garantia de sucesso. Em alguns casos essa crença até se confirma, mas não existe evidência que prove, de forma taxativa e consistente, que a vantagem em ser o primeiro a lançar um produto se transforma em garantia de sucesso. Por exemplo, a Xerox inventou o primeiro computador pessoal. E a Amazon.com não foi a primeira, mas a quarta ou quinta empresa a vender livros no mercado virtual. Exemplos semelhantes podem ser encontrados na indústria farmacêutica e em empresas administradoras de cartões de crédito, entre outros. Melhor pensar que as empresas vencedoras são pioneiras na forma de apaixonar clientes, não porque simplesmente foram os primeiros a lançar produtos "matadores". Na realidade, um único fator jamais explica o sucesso (ou o fracasso) de uma empresa. São sempre vários fatores, às vezes imponderáveis, em uma feliz (ou infeliz) combinação, que levam ao sucesso ou ao fracasso.

Sucesso é ultrapassar o concorrente, ampliar a base de clientes e ser o líder de mercado. Muitas empresas perdem o foco porque vivem em função do que percebem ser a estratégia do concorrente. Ficam tão obcecadas com os lançamentos dos novos produtos do competidor, com suas promoções e sua precificação, que viram reféns dos concorrentes. Ao tentar passar o concorrente e ser o líder do mercado, muitas atraem clientes ruins, que custam caro, são inadimplentes e nem valorizam seus produtos ou serviços. Melhor pensar que o sucesso consiste em superar-se, hoje ser melhor do que ontem e amanhã melhor do que hoje, em um processo de evolução contínua. A verdadeira olimpíada empresarial está dentro da própria empresa.

Estrategistas são visionários. Esse pensamento elitista criou diversas fragmentações na vida empresarial. Afastou o planejamento da ação, o escritório central do chão de fábrica, a operação da direção. Criou o planejamento *top-down*, os departamentos verticalizados, o ciclo de Planejamento Estratégico como um ritual hierárquico. Criou a máxima empresarial "Você é pago para fazer e não para pensar", que aliena as pessoas do trabalho qualitativo. Melhor admitir que todos têm o potencial de ser estrategista em pelo menos seu escopo de atuação. Assim, as pessoas saberiam que são pagas para *fazer* e também para *pensar*, e não apenas os dirigentes no topo, mas todos se comprometeriam em construir causas válidas com suas equipes.

A forma segue a função, a estrutura segue a estratégia. Esse pensamento reflete uma visão linear que engessa o organograma das empresas e conduz a uma sequência aparentemente lógica à qual nos acostumamos ao longo de décadas: primeiro definimos a estratégia, depois estabelecemos as funções e em seguida procuramos quem as exerça. Daí decorre grande parte da dificuldade na hora de execução da estratégia. Melhor pensar que a estrutura faz parte da estratégia. E, muitas vezes, a estrutura influencia e modifica a estratégia, a partir das características dos líderes, pois quando a empresa não dispõe das pessoas com as competências necessárias para sua implementação a estratégia raramente funciona.

***Performance* é função linear do tempo.** É uma grande ilusão achar que o sucesso é duradouro e aumenta à medida que o tempo passa. Melhor pensar que quase todas as empresas de sucesso regridem com o transcorrer do tempo. Mais apropriado ainda é considerar a "espiral da *performance*" na vida de empresas, países, famílias e indivíduos. O papel do líder é buscar a "curva dos máximos" nessa espiral, prevendo e abortando os ciclos negativos nos seus primeiros sinais, e esticando os picos dos ciclos virtuosos.

O segredo é a alma do negócio. Essa crença esteve na base da saga dos antigos empreendedores, os chamados *selfmade men*, do tempo em que era possível guardar segredos e não era tão necessário que os funcionários de uma empresa soubessem exatamente o que estavam fazendo ou o porquê da sua atividade. A alienação, a falta de integração entre as áreas e a célebre popular atitude de "já fiz a minha parte" decorrem da impossibilidade de conhecer o todo, da falta de visão geral, porque a alma do negócio estava guardada a quatro chaves na cabeça do empreendedor. Às vezes o segredo é tão bem guardado que, se o fundador se aposenta ou falece, o negócio desaparece junto.

Sobre clientes e parceiros

Ufa! Vejam quanto lixo precisamos remover do nosso modelo mental sobre a estratégia das empresas. Mas não posso deixar de apontar algumas ideias sobre Clientes, Canais, Distribuidores e Parceiros que precisamos sepultar porque já caíram em desuso:

Cliente é responsabilidade das áreas de vendas, comercial e marketing. Melhor pensar que cliente é responsabilidade de todos, do porteiro ao presidente. As empresas perdem clientes não apenas por deficiência do pessoal da área comercial, mas também pela falta de preparo das outras áreas.

Clientes compram produtos e serviços. Melhor pensar que clientes compram sonhos e não apenas o produto físico. Um curso não vale pelo diploma, mas pelo sonho do saber ou de maior empregabilidade. Um terreno pode ser o início da realização do sonho da casa própria. Um produto cosmético está atrelado ao sonho da beleza ou da atração.

Conheço os clientes como a palma da minha mão. Melhor pensar que ninguém conhece o cliente no nível de profundidade que deveria conhecer, simplesmente porque ele é um alvo móvel, ou seja, está sempre mudando de expectativas, sonhos e desejos.

Quanto maior a base de clientes, melhor. Nem sempre é assim. O número de clientes pode passar do ponto e queimar a rentabilidade porque a empresa coloca para dentro clientes com custo transacional alto ou inadimplentes. Ela até corre o risco de perder seus melhores clientes exatamente por dedicar tempo maior aos problemáticos.

Canais de distribuição e pontos de venda (PDVs). Melhor pensar em pontos de compra (PDCs) do que em PDVs. Isso seria mais coerente para uma empresa de fato voltada para os clientes. Da mesma forma, em vez de chamar distribuidores e revendedores de "canais", convém tratá-los como parceiros.

Sobre pessoas, carreiras e força de trabalho

A EMPRESA É O EMPREGADOR, O CHEFE, O PATRÃO. Essa forma de pensar leva ao uso da terminologia "empregado" e "funcionário" para se referir a quem trabalha numa empresa. E os líderes a fazer "gestão por cargos". Melhor pensar que o verdadeiro empregador é o cliente. Isso facilitaria a tão sonhada prática da meritocracia, que desde Max Weber não conseguimos implantar porque insistimos em tratar todos da mesma forma. Melhor seria tratar pessoas diferentes de modos diferentes. Os jovens talentos não tolerarão ser tratados de forma igual, sem o respeito requerido à sua individualidade. No futuro os clientes terão voz crescente na promoção e remuneração de pessoas.

Lealdade à empresa garante estabilidade do emprego. Essa postura criou uma cultura de acomodação decorrente do pensamento de que o obediente se dá bem. Melhor pensar que a contribuição de cada um na criação de valor é o que garante o emprego, que o questionamento é a base do crescimento e que a inovação e a proatividade – não a passividade – é o que realmente promove as pessoas.

Plano de carreira é responsabilidade da empresa. Em primeiro lugar, algumas carreiras tradicionais nem existem mais e outras tantas estarão fadadas a desaparecer. Em segundo lugar, o "plano" de carreiras foi adequado a uma era em que o mundo corporativo se movia lentamente e as pessoas almejavam passar toda a sua vida profissional dentro da mesma empresa. Dizia-se: "Trabalhe cada vez mais que um dia você chega lá". Isso funcionaria se o "lá" estivesse no lugar que se imaginava. Não é mais o caso. Os jovens estão rejeitando esse discurso porque esse "lá" já não estará no mesmo lugar. Melhor pensar que a responsabilidade pela "carreira profissional" – se é que ainda podemos chamá-la assim – não pode mais ser delegada à empresa. A vida profissional de cada um deve ser tarefa pessoal e intransferível.

Patrimônio humano é sinônimo de quadro de funcionários da empresa. Essa crença está na raiz da "miopia do RH", que restringe bastante o campo de atuação dos profissionais dessa área por limitá-la ao papel tradicional de recrutamento, seleção e treinamento dos funcionários da empresa. Melhor pensar que o patrimônio humano também está do "lado de fora", na relação da empresa com Distribuidores, Fornecedores, Parceiros e Comunidades. Por exemplo, nossa empresa poderia formatar um programa de treinamento para os distribuidores e os atendentes na linha de frente para melhor capacitá-los como "embaixadores" da nossa marca. Poderia conceber projetos de aculturamento para os "terceirizados" e também para os fornecedores, visando obter melhor alinhamento com nossas práticas e necessidades.

A área de RH é suporte às outras áreas e à Estratégia Empresarial. Melhor pensar que RH não é suporte e sim *core* ("central") para a estratégia da empresa, porque o fator crítico para a execução das estratégias reside no capital humano. Enquanto os profissionais de RH se perceberem como "suporte", a sua atuação será a de coadjuvante. O RH precisa se posicionar como um dos protagonistas e coautor da Estratégia Empresarial.

Profissional competente é o *expert*. A era dos especialistas está chegando ao fim. Melhor pensar que o profissional de sucesso, valorizado pela empresa e desejado pelo mercado, será multicompetente. As empresas, as organizações governamentais e as instituições sociais e comunitárias precisam de profissionais e líderes multifuncionais, multicarreiras, multi-inteligentes... multitudo!

Não revelar quem são nossos talentos de alto potencial. Nossa tendência é escondê-los com receio de que eles se supervalorizem e os outros se desmotivem. O efeito é inverso. Quem acaba desmotivado e indo embora são os de alto potencial por não serem reconhecidos, e quem se sente valorizado são os de menor potencial, que se acham melhores do que são na realidade.

Aposentar os colaboradores que completam 62 anos de idade. Essa regra concebida na Era Industrial foi adequada na época em que se vivia, em média, 20 anos a menos do que hoje e em que a força física era importante para a execução da maioria das atividades nas empresas. Decorre daí a expressão "mão de obra", uma alusão clara à força física. Hoje em dia, é melhor pensar em "cérebros e corações de obra". As empresas estão desperdiçando parte do capital humano e do conhecimento só para cumprir um conceito absurdamente fora do contexto atual. Sabedoria não se aposenta!

Os melhores líderes são os que fazem *turnaround* marcantes. Essa crença é vítima de outra: a de que as mudanças válidas são as reativas, quando fatos inesperados ou indesejados tornam imperiosa a resposta da empresa para evitar o fracasso. Melhor pensar nas "rupturas construtivas", criadas por líderes que pilotam mudanças proativas. Os melhores líderes são os que comandam suas empresas para que não necessitem de *turnarounds* dramáticos.

Gestão do Conhecimento. Melhor pensar na Gestão da Aprendizagem. A empresa não necessita ser um armazém de conhecimentos, mas um ateliê onde a aprendizagem flua de forma vibrante e rápida.

Além disso, o bem durável não é o conhecimento, que sempre é perecível, mas a capacidade de aprendizagem. Precisamos aprender a aprender e a inovar em todos os níveis.

Poderia continuar discorrendo sobre várias ideias que precisam ser sepultadas referentes a Parceiros, Tecnologia, Processos e Sistemas, mas não quero perder o foco desta minha apresentação.

Não posso deixar de dizer, para finalizar esta parte, que precisamos nos ver livres de alguns princípios da Era do *Management*, como a Padronização, a Especialização de Funções, a Hierarquia Rígida, a Amplitude de Comando e a Economia de Escala. Certamente foram úteis no século passado, mas não funcionam tão bem diante das novas circunstâncias que enfrentamos.

Tomemos o exemplo da **Padronização**. A gestão moderna se desenvolveu a partir de uma "busca interminável de regularizar o irregular", segundo as palavras de Gary Hamel, ao definir processos para garantir a disciplina e a ordem nas tarefas e nas pessoas por meio de padrões, controles, planos e procedimentos, a fim de evitar surpresas. Como ele também constatou, isso ajudou a "classe burocrática a manter a ilusão de controle que a conforta". Porém, passamos a viver em um mundo em transe, descontínuo, cercados por uma força de trabalho diferenciada, por pessoas que querem um tratamento distinto, pressionados por clientes diferenciados que possuem desejos variados. E nossas empresas também pretendem auferir lucros diferenciados. Melhor, então, superarmos essa premissa básica da Padronização que guiou o *Management* tradicional e adotarmos a "Customização Total" como palavra de ordem do Neo*Management*.

Da mesma forma, precisamos adotar a **multicompetência integrada** em substituição à **especialização**, que propiciou inegáveis vantagens quando o desafio relevante era o de maximizar a eficiência operacional em organizações que cresciam durante a Revolução Industrial, mas gerou o malefício da fragmentação das estruturas funcionais e do nosso modo de pensar e agir. "Dividir para melhor entender e gerenciar" acabou criando os silos e feudos nas empresas, dos quais temos de nos livrar.

Precisamos, ainda, inventar o conceito da **governança flexível** em contraposição à **hierarquia rígida**, da qual todos somos vítimas. Ela gera uma pirâmide de autoridade baseada na amplitude de controle limitada, cuja prática tem impedido a formação de líderes capazes de enfrentar os desafios do futuro.

O maior obstáculo para enveredarmos rumo à nova Era do *Management* reside exatamente no que já sabemos sobre o *Management*. Como sempre ensinava o grande filósofo grego Sócrates, o primeiro passo para aprender o novo consiste em fazer um grande esforço para desaprender algumas ideias, crenças e princípios que são consagrados, mas merecem questionamento.

Por essa razão, às vezes é bom criar certos neologismos, palavras novas, pois é difícil imaginar algo quando faltam palavras para descrever. Daqui a pouco vou usar alguns desses neologismos, como "Clientividade" e "Solucionamento", visando facilitar nossa tarefa de imaginar o futuro.

Os 12 trabalhos do Hércules corporativo

Podia "ouvir o silêncio" na sala, ecoando o forte impacto que minhas palavras criavam. Percebi que alguns colegas estavam sintonizados com a mensagem que procurava transmitir.

Prossegui, entrando já em algumas ideias que deveriam nortear a construção da nossa NeoEmpresa, e descrevi, para júbilo dos presentes, a metáfora daquele **trem-bala trafegando em uma sinuosa montanha-russa**. Senti-me encorajado e disparei:

– Gostaria de aproveitar os 30 minutos que me restam para elencar os enormes desafios e responsabilidades diante de nós, líderes da empresa, neste momento da verdade.

Fazendo uma analogia com *Os 12 Trabalhos de Hércules*, enumerei as 12 prioridades que precisamos enfrentar para construir a nossa NeoEmpresa:

1. **Construir um "Mapa de Geração de Valor".** Não podemos continuar sendo uma empresa que busca somente os resultados, muito menos focada no curto prazo. Precisamos entender que o tipo de resultados que nos interessa e devemos almejar é ter significado que nos permita criar valor percebido pelos componentes do negócio da nossa empresa: Clientes, Pessoas, Investidores, Parceiros, Fornecedores, Distribuidores e Comunidades onde atuamos, enfim todas as partes interessadas em torno das quais gravitamos e são a nossa razão de existir.

2. **Criar uma verdadeira "fábrica de líderes".** Precisamos de líderes de qualidade em todos os níveis, não apenas no topo da empresa. Líderes eficazes, muito mais que gerentes eficientes. Líderes capazes de construir uma Causa e dar significado a suas equipes. Líderes competentes não apenas em liderar pessoas, mas também em liderar a criação de valor e a conquista de resultados específicos. Capazes de liderar clientes, parceiros e todo o *cluster* do negócio, transpondo liderar apenas dentro das paredes da empresa. Líderes construtores de pontes, integradores, em vez dos líderes construtores de paredes, feudos e silos funcionais que perpetuam uma visão fragmentada da realidade. Líderes capazes de garantir substitutos

em curto prazo e sucessores em longo prazo, que entendam que o principal papel do líder é formar outros líderes, construindo o Capital Liderança, um indicador importante quando for feita uma avaliação do valor de mercado da empresa. Precisamos evoluir e nos libertar dos indicadores tradicionais como *turnover*, absenteísmo, hora/aula, homens/hora e outras "pérolas" herdadas da Era Industrial.

3 **Criar uma Cultura de Empresariamento integrador dos modelos de negócios, de gestão e organizacional, gerando um modelo de governança saudável.** Temos de buscar um ponto ideal de equilíbrio entre, de um lado, a disciplina e a ordem necessárias para garantir a responsabilidade por decisões e, de outro, o grau de autonomia e motivação que desejamos. Não podemos tolerar um modelo de governança que nos engesse ou afugente os jovens. Também não podemos conviver em clima de desordem e falta de respeito aos nossos valores fundamentais. O desafio dessa "Cultura de Empresariamento" é o de substituir a "habilidade de gerenciamento", típica das burocracias funcionais e fragmentárias da Era do Comando, baseadas no medo e no controle.

4 **Praticar a "Clientividade".** Precisamos, de uma vez por todas, entender que Cliente é responsabilidade de todos na empresa, do porteiro ao presidente. Entender que não possuímos canais e distribuidores, e sim parceiros **cujo sucesso é uma das causas do nosso sucesso**. Que não podemos continuar pensando em PDVs, mas em PDCs. Temos de conjugar o verbo "clientar" todos os dias e enfatizar que o que nos interessa não é a produtividade nem a competitividade, mas a "Clientividade" (palavra que não existe, mas deve ser a base de sustentação do nosso negócio). Precisamos garantir aos nossos clientes "solucionamento" – outra palavra que não

existe, mas traduz o que os nossos clientes buscam. Não querem apenas atendimento e relacionamento, essas características já viraram obrigação. Querem algo mais, uma solução para seus problemas e desafios. Querem a realização dos seus sonhos. Repito: clientes compram sonhos, não apenas produtos.

5   **Inspirar as pessoas muito mais e melhor.** Precisamos mudar bastante a nossa forma de liderar pessoas, de exercer nossa atividade na construção de equipes de alta *performance*. Devemos deixar de ser "gestores de cargos" e passar a customizar o relacionamento com as pessoas, respeitando a sua individualidade, sem incentivar o individualismo, mas, ao contrário, o sentido de equipe. Precisamos desfrutar melhor do potencial de cada um. Gerenciar menos por procedimentos e sistemas e mais olho no olho, cara a cara, caso a caso. Entender que, quanto mais sofisticada a tecnologia, maior a necessidade de contato humano. A tecnologia não deve ser instrumento de afastamento das pessoas, mas um veículo para fortalecer a comunicação e as relações. Temos de aplicar o conceito de customização (utilizado para produtos e clientes) à nossa forma de liderar pessoas. Precisamos identificar, desenvolver e engajar pessoas nos diferentes níveis e áreas para que se responsabilizem pelo autodesenvolvimento e pela autogestão de sua vida profissional (que não devemos mais chamar de "carreiras") e saibam lidar com doses crescentes de ambiguidade e incertezas. Precisamos encorajar cada pessoa que convive conosco a assumir as rédeas do seu destino e da sua vida profissional.

6   **Montar um poderoso *hub* de parceiros.** A competição não será mais apenas produto contra produto ou empresa contra empresa. A competição se dará entre *clusters* de partes interessadas no negócio. As empresas vencedoras se diferenciarão porque o crescimento e

desenvolvimento dos negócios ocorrem não mais apenas dentro da empresa, mas "fora" por meio de parcerias, *joint ventures*, alianças estratégicas, participação minoritária em outras empresas e acordos com produtores de tecnologias, centros de pesquisa, instituições comunitárias e cooperação com instituições de ensino. Esse processo complexo de diferenciação exigirá uma competência de integração complexa. Atrair e manter esses diversos grupos de interesses em torno da Causa da empresa e do negócio exigirá muito dos NeoLíderes que terão de liderar quem não é funcionário e quem não tem relações permanentes com a empresa. Eles não precisarão ser "gerenciados" no sentido tradicional do termo, mas "empresariados" para que suas melhores competências possam ser colocadas a serviço do negócio da empresa.

7 **Desenvolver a cultura da paixão pela inovação.** Sem criatividade e inovação não há santo que ajude uma empresa a ser autossustentável no longo prazo. Precisamos criar o hábito da inovação constante, e não apenas espasmódica. Inovação precisa ir muito além do produto e da área de pesquisa e desenvolvimento. Essa prática deve tornar a empresa tão ágil e capaz de mudar tão rápido quanto a própria mudança. Também deve torná-la apta a se reinventar continuamente, sempre se posicionando de forma proativa, em busca do próximo patamar de sucesso. Não podemos mais admitir passivamente que as pessoas mais criativas fujam das grandes empresas para ganhar a vida nas artes, relações públicas, agências de publicidade, consultorias e nos seus próprios negócios porque as grandes burocracias, marca registrada da Era do *Management*, afugentam os mais talentosos, os mais criativos e os não conformistas. Uma empresa como a nossa tem de ser uma espécie de ateliê, um ambiente onde pessoas talentosas agem como se fossem parte de um elenco

de artistas, em que sintam prazer em criar, inovar e colocar seu talento a serviço dos Clientes, Parceiros e demais partes interessadas.

8 **Valorizar o intangível.** Pertencemos a uma geração que foi educada com base na gestão dos tangíveis – capital, estoques, equipamentos, instalações, processos produtivos e tecnologia. Ter competência nesses fatores continua necessário, mas não é mais suficiente. O diferencial das empresas vencedoras está no empresariamento dos intangíveis – confiança, ambiente de trabalho, relacionamentos, cultura, inovação, marca e reputação. Precisamos aprender a valorizar o intangível sem prejuízo da excelência dos tangíveis. Não se trata de substituir um pelo outro, mas de introduzir a dimensão intangível (o moderno) no tangível (o eterno).

9 **Garantir a excelência na execução.** Nossa maior dificuldade tem sido na execução das nossas estratégias e planos e não na concepção da estratégia. Precisamos de um novo conjunto de atitudes para transformar nossos sonhos em realidade. Devemos colocar a faca entre os dentes e nos comprometer a colocar em prática o que definimos. Falta determinação, garra, desejo. Não podemos nos dar ao luxo de realizar mudanças apenas reativas para superar momentos de dificuldade. Temos de nos antecipar aos acontecimentos, criar os fatos e promover mudanças proativas, por meio de rupturas construtivas que nos elevem a outro patamar.

10 **Incorporar ao modelo de negócio a sustentabilidade e a diversidade.** Não podemos mais nos dar ao luxo de tratar a sustentabilidade e nossas responsabilidades ambientais, ecológicas e sociais como mera declaração de intenção que se repete ano a ano, principalmente no tempo das vacas gordas. Precisamos incorporar a sustentabilidade no dia a dia da empresa, de forma que nossas práticas se tornem um ativo intangível, monetizado na valorização da

empresa. A sustentabilidade precisa fazer parte do nosso modelo de negócios e da nossa cultura.

11 **Juntar o injuntável.** É chegada a hora de lutar contra a "Tirania do ou" e apostar na convergência. Além de associar o intangível ao tangível, precisamos compatibilizar outros aparentes paradoxos: o curto e o longo prazo, a eficácia e a eficiência operacional, a alta diferenciação e o baixo custo, as gerações X e Y.

12 **Investir no autoempresariamento.** Não poderia completar essa lista das 12 prioridades sem mencionar a façanha do autoconhecimento. Quem consegue se libertar e liderar a si mesmo tem condições de libertar os outros para fazer diferença e obter alta *performance*. É fundamental cada um de nós sermos mestres de nós mesmos, mostrarmos coerência entre o que dizemos e o que fazemos. Precisamos inspirar os outros pelo exemplo e garantir harmonia nas diferentes dimensões da nossa vida: profissional, familiar, pessoal, espiritual e social. Temos de exercer nosso papel de *Homo Curiosus* e aperfeiçoar nossa capacidade de aprendizagem. Mais que na Era do Conhecimento, vivemos na era da aprendizagem. Não podemos ter a ilusão de que sucesso e felicidade consistem em não ter problemas. Na verdade, à medida que amadurecemos, os problemas não desaparecem, aumentam até de complexidade. Ter sucesso e felicidade na realidade é sentir-se preparado para enfrentar desafios que serão cada vez mais complexos.

À medida que fazia a apresentação, fui tomado por uma inquietação: qual seria o impacto daquelas provocações? Como o Presidente e meus colegas reagiriam? E os líderes empresariais apegados aos princípios do *Management* tradicional, de que modo receberiam minhas colocações quando aquilo fosse divulgado?

Sabia que estava "cutucando a onça com a vara curta". Afinal, estava não apenas questionando certos princípios sagrados, mas propondo uma nova forma de pensar, o Neo*Management*.

Fui me acalmando quando li em um dos telões laterais as mensagens que a plateia enviava pelo Twitter. A primeira mensagem dizia: "Não precisamos esperar segunda-feira pra começar a mudança". Outra afirmava: "Já estou listando o que vou começar a fazer hoje mesmo".

Senti-me encorajado por outras mensagens com esse teor. Mesmo as que não demonstravam a adesão imediata à minha tese pelo menos convidavam ao diálogo para esclarecer melhor alguns pontos mais polêmicos.

Evolução "em direção ao que precisamos saber" em vez da evolução "a partir do que sabemos"

PENSEI NO QUE DIRIA O FÍSICO THOMAS KUHN (1922-1996), um dos mais importantes filósofos da ciência do século XX. Ele desenvolveu o conceito de paradigma: conjunto de premissas que supõem visão de mundo compartilhada, leis, teorias, aplicações, métodos e instrumentos.

Na acepção de Kuhn, as teorias nem sempre explicam todos os fatos com os quais podem ser confrontadas, mas isso não chega a afetar suas bases, exceto quando ocorre uma multiplicidade de fenômenos que fogem ao seu escopo (denominados por ele de anomalias). Daí a base de sustentação do paradigma é desafiada, fomentando uma crise capaz de engendrar uma revolução e conduzir a um novo paradigma.

Em momentos decisivos do desenvolvimento científico, nomes como "Copérnico, Newton, Lavoisier e Einstein (...) cada um deles forçou a comunidade a rejeitar a teoria científica anteriormente aceita em favor de outra incompatível com aquela", escreveu Kuhn no seu indispensável *A Estrutura das Revoluções Científicas*.

As reflexões que eu estava propondo sinalizavam justamente uma mudança de paradigma no universo empresarial.

Submergi em alguns pensamentos baseados no que aprendi sobre a obra de Kuhn a respeito da relutância em aceitar um novo paradigma: "Regularmente e da maneira apropriada, a invenção de novas teorias evoca a mesma resposta por parte de especialistas que veem sua área de competência infringida por essas teorias (...) A nova teoria implica uma mudança nas regras que governam a prática anterior da ciência normal".

Nossas análises mostraram como as práticas adotadas nas empresas estão defasadas em relação às mudanças ocorridas nas últimas décadas e alertaram para a necessidade de renovar os instrumentos e orientar nosso olhar em novas direções.

Não almejava, contudo, adesão imediata. Sei bem que quem tem interesses na velha tecnologia de gestão jamais apoiará o novo. As mudanças de paradigma sempre são propostas por quem não se beneficia do *status quo* e despertam resistência porque obrigam a ver o mundo de modo diferente. Em vez de ser um intérprete, quem abraça um novo paradigma é como o homem que usa lentes inversoras. Defrontado com a mesma constelação de objetos de antes e tendo consciência disso, ele os encontra totalmente transformados em muitos detalhes.

Pensava nessas palavras enquanto terminava a exposição. Continuei falando, mas agora totalmente de improviso e colocando meu coração nas palavras:

– O tempo exige novos rumos. Não se trata apenas de uma época de mudanças, mas de uma mudança de época. Pode constituir uma imensa oportunidade, se soubermos aproveitá-la. Cada um de nós pode ser coautor de um novo capítulo da trajetória da nossa empresa e da história do *Management*. Precisamos ter coragem para inventar nosso futuro. Sabemos que há momentos em que o passado deixa de iluminar o futuro. A hora é agora!

Foi, então, que um torpedo chamou minha atenção. Ele dizia: "Parabéns, até que enfim alguém conseguiu colocar de maneira clara e pragmática quais princípios adotar para construir o futuro da empresa!" Reconheci o número do celular: era do Diretor de Logística.

Para tornar produtiva aquela mobilização em torno das ideias apresentadas, resolvi encerrar a apresentação com um pedido:

– Gostaria de propor, como fruto desta convenção, que a partir da próxima segunda-feira e no prazo máximo de uma semana pudéssemos preparar um novo Plano de Negócios para a empresa, em um horizonte de tempo de dez anos. Convido-os, então, a fazer algo diferente. Convido-os a sairmos da mesmice das ferramentas conhecidas de planejamento e produzirmos algo inovador a ser submetido ao nosso Presidente de tal forma que ele possa enviar para ser validado no Conselho de Administração. Penso em algo diferente. Podemos até chamá-lo de **"Plano de Negócios *com alma*: inventando o futuro da nossa NeoEmpresa"**.

Não pude evitar uma fila de cumprimentos. Estava até um pouco embaraçado, quando o Presidente da empresa se aproximou e me deu um abraço. Daí me confidenciou:

– Aproveite o momento, vá fundo! Durante sua apresentação enviei um e-mail para a nossa matriz e para o Presidente do Conselho de Administração avisando que acredito ter encontrado o meu sucessor para assumir o comando da empresa em dois ou três anos: *você!*

CONCLUSÃO LEITOR, O PRÓXIMO PASSO QUEM DÁ É VOCÊ

LEITOR, O PRÓXIMO PASSO QUEM DÁ É VOCÊ

Espero que você não tenha aceitado passivamente o relato dessa jornada e desafie o que está escrito. Pense criticamente por si mesmo. Questione e se questione.

Mas, mesmo que você não concorde com tudo, espero que tenha aproveitado a leitura para refletir sobre a empresa onde trabalha e sobre a sua carreira e a de seus familiares.

Não existe uma forma única e correta nem a ideologia certa para pensar sobre a NeoEmpresa. A legitimidade de uma ideia e a coerência entre ideias são mais importantes que qualquer ideia isolada.

Agradeço por ter embarcado nessa viagem fictícia na bela e instigante República da Turquia e pela companhia nos bastidores de uma típica convenção anual de uma empresa.

Presenciamos diálogos e encontros improváveis, mas necessários entre alguns pioneiros e fundadores do *Management* e cinco executivos atormentados pela necessidade de pilotar um trem-bala em uma sinuosa montanha-russa.

Ao substituir a "evolução a partir do que sabemos" pela "evolução em direção ao que precisamos saber", diversas aflições do dia a dia poderão ser mais bem entendidas e até mesmo superadas.

Se você não é acomodado e deseja construir o futuro da sua carreira, da sua empresa e ter sucesso em um mundo em transe, convido-o a prosseguir viagem, dando o próximo passo.

Escreva, nas páginas em branco ao final do livro, um novo capítulo na história da era do Neo*Management* que se descortina no horizonte.

Se desejar fazer uma reflexão mais profunda sobre os desafios da NeoEmpresa – e como se preparar para aumentar as suas chances de sucesso nesse novo mundo –, utilize o *workbook* que você encontra acessando o *hotsite* <www.neoempresa.com.br>, enquanto saboreia um delicioso *kahve*, o forte café turco!

Tim-tim!

CÉSAR SOUZA
(cesarsouza@empreenda.net)

Agradecimentos

Aos inúmeros clientes, pelas práticas inovadoras que inspiram a visualização da NeoEmpresa.

Aos meus sócios, Milton Camargo e Cristinna Patsch, que enriquecem minha obra com o carinho de sempre.

A Mario Sergio Cortella, José Carlos Teixeira Moreira, Clemente Nóbrega e Fabrício Soares, que alimentaram o sonho quando, assolado pelas dúvidas, carecia de encorajamento.

À Editora Integrare, pela honra de inaugurar com este livro seu selo dedicado ao mundo dos negócios. Em especial, a Maurício Machado, Luciana Tiba e equipe, pela aposta que decidiram fazer.

À turma da HSM pela confiança. Em especial a José Salibi, *chief knowledge officer*, pelo encorajamento intelectual e amizade estimulante, e ao CEO, Marcos Braga, pelo apoio de sempre.

A Norberto Odebrecht, incansável educador de líderes para o futuro.

A Carlos Villa, CEO da Solví, pelo empenho em viabilizar o novo.

Aos participantes do "sarau" na Empreenda, que emprestaram sua inteligência e seu tempo à causa do Neo*Management*: Robson Henriques, Eduardo Najjar, Alfredo Duarte, Tadeu Pagliuso, Hermann Silva e Carlos Balote.

A Cristina Nabuco, que sempre apareceu com uma lâmpada quando a vela parecia fraquinha.

A André Castro, pelos valiosos alertas, quando o livro começou a ganhar corpo e ameaçava passar de uma vaga ideia.

A Julio Franco, pelo incentivo ao longo de quase 40 anos.

A Finho Levy, Delmas Penteado e João Santos, pelas diversas sugestões ao longo do texto.

A Luiz Edmundo Rosas, amigo de todas as horas, pelo zelo com o legado do autor e da obra.

A Luiz Kignel e Pedro Carneiro, pelos aconselhamentos e encorajamento quando a fictícia reunião com os gurus parecia difícil de ser articulada.

E a todos os que "participaram" desse encontro inverossímil, mas necessário e possível de imaginar.

Fontes de inspiração, notas e referências bibliográficas

A lâmpada não é a evolução da vela!
- ¬ As informações sobre o terremoto no Japão foram extraídas de duas fontes principais: "O Japão em choque" (*Revista Veja*, São Paulo, 16 mar. 2011) e "Japoneses recordam seis meses do terremoto" (*Vejaonline*, 11 set. 2011). Disponível em: <http://veja.abril.com.br/noticia/internacional/japoneses-recordam-seis-meses-de-terremoto-seguido-de-tsunami>.
- ¬ A expressão "A lâmpada não é a evolução da vela" é de autoria de Júlio Ribeiro e dá o título ao Capítulo 9 do seu *best-seller Fazer Acontecer.com.br* (São Paulo: Saraiva/Virgília, 2009).
- ¬ No Prefácio do livro *O Futuro da Administração* (Rio de Janeiro: Campus/Elsevier, 2007), escrito em coautoria com Bill Breen, Gary Hamel propõe de forma pioneira que: " (...) sua empresa está sendo administrada (...) por um pequeno grupo de teóricos e profissionais que já morreram há muito tempo e que criaram as regras e convenções da gestão 'moderna' nos primeiros anos do século XX".
- ¬ A distinção entre "o Eterno e o Moderno" é uma contribuição inovadora do renomado professor José Carlos Teixeira Moreira, que a defende nas suas concorridas palestras e em dois de seus livros: *Foco do Cliente* (3. ed. São Paulo: Gente, 2009) e *Usina de Valor* (São Paulo: Gente, 2009).
- ¬ A frase do filósofo Sören Kierkegaard foi extraída do site *O Pensador*. Disponível em: <http://pensador.uol.com.br/frase/MTE3NQ>.

A NEOEMPRESA

¬ A expressão "A alma é a propaganda do negócio" foi provavelmente mencionada por Millôr Fernandes na década de 1980, em um dos seus *HAI-KAIs*, aqui citado baseado na memória de José Bezerra Marinho:

Já dizia um santo ao sócio,
No nosso caso
A Alma é a propaganda do negócio.

¬ As ideias de "Arquipélagos de Excelência" e de "Ilhas de Competência" foram pronunciadas originalmente pelo engenheiro de mineração José Carlos Leal durante a convenção anual da Construtora Odebrecht, em 1981. Elas foram tangibilizadas e receberam forma em uma visita a uma exposição sobre a obra de Henri Matisse diante dos quadros *A Música* e *A Dança*.

Introdução: Nada do que for será como antes

¬ O conceito de "subdesempenho satisfatório" foi criado pela professora Betania Tanure e apresentado no livro *Estratégia e Gestão Empresarial*, escrito em coautoria com o professor Sumantra Ghoshal (Rio de Janeiro: Campus/Elsevier, 2004).

¬ A frase "cansado de ser uma estrela brilhante no trabalho e uma lua minguante em casa" foi pronunciada em agosto de 2008 por um participante do CIO Meeting, em uma palestra realizada pelo autor, no Hotel Hilton Conrad, em Punta del Este, Uruguai, durante evento promovido pela Editora Abril.

¬ O conceito de "ideias mortas" foi originalmente proposto pelo jornalista Matt Miller no livro *The Tyranny of Dead Ideas* (Nova York: Times Books, 2009), que analisa ideias ultrapassadas no cenário econômico e político.

Capítulo 1: O mundo em transe

¬ A história do "nó górdio" está relatada no *Guia Visual - Turquia* (2. ed. São Paulo: Publifolha, 2010, p. 47) e em vários livros sobre Mitologia, como *Mitologia:* Histórias de Deuses e Heróis, de Thomas Bulfinch (Rio de Janeiro: Ediouro, 2006), e *O Grande livro da Mitologia nas Artes Visuais*, coordenado por Roberto Carvalho de Magalhães (Rio de Janeiro: Ediouro, 2006).

¬ O fascínio de Peter Drucker pela Ásia e pelo Japão é apontado no livro

FONTES DE INSPIRAÇÃO, NOTAS E REFERÊNCIAS BIBLIOGRÁFICAS

A Cabeça de Peter Drucker, de Jeffrey A. Krames (Rio de Janeiro: Sextante, 2008).

- A trajetória de Drucker e a informação de que "dois de seus folhetos foram censurados e queimados pelos nazistas" foram relatadas por Jeffrey A. Krames no livro *A Cabeça de Peter Drucker* (Rio de Janeiro: Sextante, 2008, p. 27).
- Niall Ferguson, historiador escocês, é autor do livro *Civilization: The West and the Rest* (Penguin Books, 2011). O pensamento atribuído a ele foi extraído da reportagem "O Verão da Turquia", de Carlos Graieb (*Revista Veja*, São Paulo, 19 out. 2011).
- O trabalho do respeitado e saudoso professor e autor indiano C. K. Prahalad, assim como seus conceitos de "base da pirâmide" e de "linha do esquecimento", entre outras de suas originais ideias, está relatado no *best-seller Competindo pelo Futuro*, escrito em coautoria com Gary Hamel (Rio de Janeiro: Campus, 1996), e no excepcional livro *A Riqueza na Base da Pirâmide* (Porto Alegre: Bookman, 2005).
- A pesquisa sobre "As Empresas dos Sonhos dos Jovens Para Trabalhar", coordenada por Sofia Esteves e equipe, tem sido realizada há mais de uma década pela Companhia dos Talentos (<http://www.ciadostalentos.com.br>).
- As lembranças de Peter Drucker sobre uma aula de John Maynard Keynes estão narradas no livro *Drucker em 33 lições*, de Rick Wartzman (São Paulo: Saraiva, 2010, p. 16).
- As "cinco perguntas simples, porém essenciais e relevantes que Drucker gostava de sugerir aos dirigentes" estão formuladas no Prefácio assinado por Frances Hesselbein para o livro *As Cinco Perguntas Essenciais Que Você Sempre Deverá Fazer Sobre sua Empresa*, de diversos autores, inclusive o próprio Peter Drucker (Rio de Janeiro: Campus, 2008).
- A frase citada por Peter Drucker numa aula em 1981 na New York University está mencionada em *Drucker em 33 lições*, de Rick Wartzman (São Paulo: Saraiva, 2010, p. 12).

Capítulo 2: A Era do Intangível
- O conceito de *Sinergia* formulado por Igor Ansoff foi registrado em apontamentos feitos pelo autor durante as aulas com esse professor na Graduate School of Management, na Vanderbilt University, em 1974 e 1975. A

ideia central pode ser encontrada no livro *Corporate Strategy* (Nova York: McGraw-Hill, 1965) e em artigos e livros que compõem a sua notável obra.

- Os diferenciais do *Master in Management Program*, uma iniciativa pioneira liderada por Igor Ansoff como *Dean* da Graduate School of Management da Vanderbilt University, podem ser encontrados no catálogo de cursos da escola, publicados a partir de 1970.

- A celebrada "Matriz de Ansoff", também conhecida como **Matriz Produto/Mercado**, é um modelo utilizado para determinar oportunidades de crescimento de unidades de negócio de uma organização. A Matriz está descrita no livro *Corporate Strategy* (Ansoff, 1865) e posteriormente abordada na obra *Safári da Estratégia:* Um Roteiro pela Selva do Planejamento Estratégico, de autoria de Henry Mintzberg, Bruce Ahlstrand e Joseph Lampel (Porto Alegre: Bookman, 2000). Informações, gráfico e exemplos da Matriz podem ser encontradas no site: <http://www.artigonal.com/ensino-superior-artigos/matriz-ansoff-2927967.html>.

- As reflexões deste capítulo que descreve "Grandes Mudanças na História" estão baseadas no livro de Geoffrey Blaney *Uma Breve História do Mundo*. (2. ed. São Paulo: Fundamento, 2010).

- A frase do historiador egípcio Eric Hobsbawm está no livro *A Era dos Extremos:* O Breve Século XX: 1914-1991. (2. ed. São Paulo: Companhia das Letras, 1995, p. 25).

- Os comentários de Peter Drucker sobre o tema do autoconhecimento podem ser encontrados em seu livro *O Gerente Eficaz* (Rio de Janeiro: LTC, 1990) e também no livro póstumo *O Gerente Eficaz em Ação*, em coautoria com Joseph Maciariello (Rio de Janeiro: LTC, 2007), editado por iniciativa da HSM, com Prefácio de José Salibi Neto, para homenagear o célebre guru. Outra fonte é o seu artigo "Managing Oneself" (*Harvard Business Review*, Jan. 2005). Disponível em: <http://hbr.org/2005/01/managing-oneself/ar/1>.

- O comentário atribuído a Drucker está baseado em sua afirmativa "...quando os historiadores analisarem a passagem do século XX para o século XXI... chegarão a conclusão que o movimento com maior impacto sobre as pessoas e organizações foi uma Revolução Social, dentro da qual cada ser humano passa a ser responsável pela sua própria vida. Nem a Família, nem o Estado e muito menos a Empresa terá a responsabilidade de guiar e dar suporte à vida das pessoas." (Revista *Conjuntura Econômica*, Jan. 2004).

FONTES DE INSPIRAÇÃO, NOTAS E REFERÊNCIAS BIBLIOGRÁFICAS

Capítulo 3: Soprando as 100 velinhas do *Management*

- Os passos iniciais de Frederick Taylor como a primeira pessoa na história a estudar a dinâmica do mundo do trabalho são lembrados por Peter Drucker na Introdução do seu livro *Management Revised Edition*, em coautoria com Joseph Maciariello (Nova York: Harper Collins, 2008, p. 14).
- A evolução do pensamento administrativo como fruto do processo de modernização da sociedade, os diferentes focos das Escolas de Administração e os pilares da Teoria Organizacional, assim como o aprofundamento dos conceitos de *Homo Economicus, Homo Complexus* etc., podem ser encontrados no excelente compêndio *Teoria Geral da Administração*, de Fernando C. Prestes Motta e Isabella Gouveia de Vasconcelos (3. ed. revista. São Paulo: Cengage Learning, 2006).
- A resposta "Eu foquei no estudo do *Management* como uma disciplina e como uma arte liberal", dada por Drucker ao ser perguntado, em 1999, qual teria sido sua maior contribuição, foi retirada do texto "Management: Tasks, Responsibilities and Practices", na página inicial do livro *Management Revised Edition*, escrito por Drucker e Joseph Maciariello (Nova York: Harper Collins, 2008).
- Os pontos de vista defendidos pelos gurus, assim como paráfrases e referências aos seus pensamentos citadas nesse capítulo e ao longo do livro, podem ser vastamente encontrados nas seguintes obras:

  - FAYOL, Henri. *Administração Industrial e Geral*. 9. ed. São Paulo: Atlas, 1981, originalmente publicado em 1916.
  - GRAHAN, Pauline (org.). *Mary Parker Follett:* Profeta do Gerenciamento. Rio de Janeiro: QualityMark, 1997.
  - MASLOW, Frederick. *Motivation & Personality*. Nova York: Harper, 1954.
  - MAYO, Elton. *The Social Problems of an Industrial Civilization*. Oxford: Routledge and Kegan Paul, 1949.
  - TAYLOR, Frederick. *Princípios da Administração Científica*. São Paulo: Atlas, 1995, inicialmente publicado em 1911.
  - WEBER, Max. *A Ética Protestante e o Espírito do Capitalismo*. 4. ed. São Paulo: Pioneira, 1985.

A NEOEMPRESA

- O famoso experimento de Hawthorne está descrito em detalhes no site: <http://nutep.adm.ufrgs.br/adp/RH.html>.
- A história detalhada de Henry Ford e sua influência no pensamento e evolução do *Management*, assim como a frase citada neste capítulo comparando a produção de carro à de palitos de fósforo, podem ser conferidas no livro *New and Improved: The Story of Mass Marketing in America*, de Richard Tedlow (Nova York: Basic Books, 1991, ou Boston: Harvard Business School Press, 1996).
- A brilhante descrição de como funcionava a GM e a aplicação de alguns conceitos do *Management* avançado na época podem ser encontradas em SLOAN, Alfred, P. *My Years with General Motors* (Nova York: Doubleday/Currency, 1964).
- O conceito de "Administração por Objetivos" (ApO) é detalhado em DRUCKER, Peter. *Concept of the Corporation* (Nova York: John Day, 1946).
- As ideias originais da visão sistêmica das organizações estão publicadas em VON BERTALLANFY, Ludwig. *Teoria Geral dos Sistemas*. (Petrópolis: Vozes, 1968).
- A quebra de paradigma no tratamento de úlceras é relatada em YANO, Célio. "Uma Bactéria Sui Generis". *Revista Ciência Hoje*, 3 out. 2005, p. 120-21. Disponível em: < http://cienciahoje.uol.com.br/especiais/premio-nobel-2005/uma-bacteria-sui-generis>. Acesso em: 24 ago 2011. O consultor Gary Hamel também contou essa história no livro *O Futuro da Administração* (Rio de Janeiro: Campus/Elsevier, 2007), escrito em coautoria com Bill Breen.
- O comentário do Prêmio Nobel de 2008, Paul Krugman, feito em uma palestra na London School of Economics em 2009, foi publicado no artigo "How Did Economists Get It So Wrong". *The New York Times Magazine*, Nova York, 2 set. 2009. Disponível em: <http://www.nytimes.com/2009/09/06/magazine/06Economic-t.html?pagewanted=all>.
- O conceito da Terapia Cognitiva é analisado em BECK, Aaron e ALFORD, Brad. *O Poder Integrador da Terapia Cognitiva* (Porto Alegre: Artmed, 2000).
- As expressões *Homo Mutabilis* e *Homo Congregatio* foram sugeridas em diversas trocas de e-mails com o antropólogo, palestrante e autor Luiz Marins quando meu parco latim me impediu de expressar esse pensamento de forma mais clara.

FONTES DE INSPIRAÇÃO, NOTAS E REFERÊNCIAS BIBLIOGRÁFICAS

Capítulo 4: A nova Era do *Management*

- A instigante história de como a cidade de Sobral, no Ceará, serviu de palco para a comprovação da Teoria da Relatividade foi contada pelo jornalista Ivan Marsiglia, na reportagem "Os Lunáticos de Sobral" (*O Estado de S. Paulo*, São Paulo, 24 jul. 2009). O autor agradece a Hermann Pontes Silva, VP da Embraer e natural de Sobral, por ter contado essa história.
- A notícia sobre o acelerador de partículas pode ser lida no texto escrito pelo jornalista Saswato R. Das, "Um mundo insólito sem a teoria da relatividade de Einstein" (*O Estado de S. Paulo*, São Paulo, 1º out. 2011), e também no texto do jornalista Rafael Corrêa, "A teoria está de pé ainda" (*Revista Veja*, São Paulo, 28 set. 2011, p. 85).
- Para saber mais sobre a Teoria da Relatividade, consulte EINSTEIN, Albert. *A Teoria da Relatividade Geral e Especial* (Rio de Janeiro: Contraponto, 1999).
- A inquietação expressa sobre a eficácia de pesquisas rigorosas para constatar a causa do sucesso das empresas foi provocada pela leitura do importante livro de Phil Rosenzweig, *Derrubando Mitos: Como Evitar os Nove Equívocos Básicos no Mundo dos Negócios* (Rio de Janeiro: Globo/Coleção Negócios, 2008).

Capítulo 5: Bem-vindo à NeoEmpresa

- ORWELL, George. *1984*. 29. ed. (edição comemorativa). São Paulo: Nacional, 2003. O filme, de mesmo nome, teve produção inglesa (Umbrella-Roseblum) e foi dirigido por Michael Radford e lançado em 1984.
- O filme *2001: Uma Odisseia no Espaço* foi dirigido por Stanley Kubrick e lançado pela Metro-Goldwyn-Mayer (MGM) em 1968. Simultaneamente foi escrito o livro, de mesmo título, por Arthur C. Clarke (Mem Martins: Europa-America PT, 1993).
- A provocação sobre "*market share*" e "*competence share*" foi inicialmente formulada em SOUZA, César. *Talentos & Clientividade* (Rio de Janeiro: QualityMark, 2000).
- A frase citada ao final do capítulo é um provérbio italiano atribuído ao general Aníbal. Detalhes podem ser obtidos pelos *links*: <http://en.wikipedia.org/wiki/Inveniam_viam> e <http://pt.wikiquote.org/wiki/An%C3%ADbal>.

Capítulo 6: Sonho: primeira etapa da estratégia

- A ideia original do *sonho* como a primeira etapa do Planejamento Estratégico foi inicialmente formulada no *best-seller* de SOUZA, César. *Você é do Tamanho dos Seus Sonhos* (São Paulo: Gente, 2003, e Rio de Janeiro: Agir, 2009).
- Para aprofundar a compreensão da evolução da teoria e prática do Planejamento Estratégico, consulte a obra de Igor Ansoff, Roger Declerck e Robert Hayes, *Do Planejamento Estratégico à Administração Estratégica* (1. ed. São Paulo: Atlas, 1990), ou, se preferir, o original em inglês: *From Strategic Planning to Strategic Management* (Nova York: John Wiley & Sons, 1976).
- Para uma descrição da chamada "Escola do Planejamento" e do impacto da obra mais influente de H. I. Ansoff, *Corporate Strategy*, leia o terceiro capítulo do livro *Safári da Estratégia*, de Henry Mintzberg e outros (Rio de Janeiro: Campus, 2008).
- Uma ampla discussão sobre o tema da "Execução" pode ser encontrada no livro *Execução: A Disciplina para Atingir Resultados*, de Ram Charam e Larry Bossidy (Rio de Janeiro: Campus, 2004).
- A obra de Michael Porter, especialmente o livro *Estratégia Competitiva* (Rio de Janeiro: Campus, 2005), é uma boa fonte para análise do tema "Estratégia Empresarial Contemporânea".

Capítulo 7: O cliente no centro do organograma

- A pesquisa mencionada nesse capítulo foi realizada graças a uma parceria entre a HSM e a Empreenda Consultoria em 2010. Os resultados completos podem ser encontrados no site <http://www.empreenda.net>.
- O comentário do guru em marketing Philip Kotler foi publicado no capítulo por ele assinado do livro *As Cinco Perguntas Essenciais Que Você Sempre Deverá Fazer Sobre sua Empresa*, de diversos autores (Rio de Janeiro: Campus, 2008).
- As frases atribuídas a Steve Jobs foram publicadas em diversos veículos, especialmente nas reportagens "Quero deixar uma marca no Universo" e "As ideias de Jobs para mudar o seu mundo", de Fabio Altman, ambas da *Revista Veja* (São Paulo, 12 out. 2010).
- O conceito de *Clientividade*, registrado no Inpi, foi criado pelo autor em 1998 e publicado no seu livro *Talentos & Clientividade* (Rio de Janeiro: QualityMark,

FONTES DE INSPIRAÇÃO, NOTAS E REFERÊNCIAS BIBLIOGRÁFICAS

2000). O conceito de *Clientograma* tem sido exaustivamente defendido pelo autor em suas palestras e consultorias desde 2009.

Capítulo 8: Pessoas tratadas como pessoas, não como cargos

- A pesquisa mencionada neste capítulo foi realizada por meio de uma parceria entre a HSM e a Empreenda Consultoria em 2010. Os resultados completos podem ser encontrados no site <http://www.empreenda.net>.
- A ideia de "Funcionário 2.0" foi criada por Daniel Meneguetti e divulgada no site da DOM, <http://www.domsp.com.br/white-papers/colaborador-2.0-a-redefinicao-do-modelo-de-gestao>. Vide também o conceito de "Líder 2.0", em SOUZA, César. *Você é o Líder da sua Vida?* (Rio de Janeiro: Sextante, 2007).
- A tese da evolução de Gestão de Cargos para Gestão de Pessoas assim como alguns fatos sobre a história do RH estão baseados em uma palestra do renomado professor Luiz Carlos Cabrera, realizada em 2011 na sede da Empreenda para a Diretoria da JHSF.
- A ideia de que "o RH precisa ser *core* e não mais suporte" foi apresentada pelo professor Carlos Cabrera durante a sessão magna no CONARH 2011, promovido pela ABRH, ao relatar conclusões do Fórum de Presidentes, realizado em agosto de 2011.
- Para aprofundar o tema da Evolução do Papel do RH, sugere-se a leitura do artigo do autor "Vamos Demitir o Gerente de RH?", publicado na *Revista de Administração de Empresas*, da FGV, em 1979.
- "Capital Liderança" é também um conceito criado pelo autor e devidamente registrado no Inpi.
- O conceito de "Fábrica de Líderes", devidamente registrado no Inpi, foi formulado pelo autor, a partir da ideia de "Leadership Engine", de Noel Tichy e Stratford Sherman, no livro *Controle seu Destino Antes que Alguém o Faça* (São Paulo: Educator Editora, 1993).
- A frase atribuída a Abraham Maslow foi publicada em <http://www.rh.com.br/Portal/frases.php>.

Capítulo 9: Sem significado, resultados perdem valor

- O pensamento atribuído a Santo Agostinho tem origem em comentários de populares.

A NEOEMPRESA

- A descrição detalhada das circunstâncias que levaram ao pensamento e à pesquisa realizada por Frederick Taylor está presente na sua obra clássica *Princípios da Administração Científica* (São Paulo: Atlas, 1995), inicialmente publicada em 1911, em que são relatados os desperdícios das coisas materiais e das "ações desastradas e mal orientadas dos homens".
- A importância da obra de Mary Parker Follett é finalmente resgatada no excelente livro do professor, palestrante e autor Eugenio Mussak: *Gestão Humanista de Pessoas* (Rio de Janeiro: Campus/Elsevier, 2010, p. 18-26).
- O "Efeito Aura" e vários mitos sobre as empresas são exaustivamente analisados em ROSENZWEIG, Phil. *Derrubando Mitos*: Como Evitar os Nove Equívocos Básicos no Mundo dos Negócios (Rio de Janeiro: Globo/Coleção Negócios, 2008).
- A frase de Immanuel Kant foi relembrada e contada em brilhante palestra do filósofo Mario Sergio Cortella, assistida pelo autor em 2011.

Capítulo 10: Outras peças do quebra-cabeça: estrutura, parceiros, tecnologia e inovação

- A pesquisa mencionada foi realizada pela Associação Brasileira de Recursos Humanos (ABRH) em parceria com a Empreenda Consultoria, sob a coordenação de César Souza e Eugenio Mussak e apresentação de ambos na sessão magna de encerramento do CONARH 2011, realizado em São Paulo.
- As teses de James (ou Jim) Collins, assim como suas ideias originais, podem ser encontradas nas suas obras-primas: *Feitas para Durar* (Rio de Janeiro: Campus, 1994), *Good to Great - Empresas Feitas para Vencer* (Rio de Janeiro: Campus, 2001) e *Por que as Gigantes Caem* (Rio de Janeiro: Campus, 2010).
- WEBER, Max. *A Ética Protestante e o Espírito do Capitalismo*. 4. ed. São Paulo: Pioneira, 1985.
- A biografia e a obra do baiano Guerreiro Ramos podem ser encontradas nos sites: <http://www.cra-rj.org.br/site/leitura/GR2.asp> e <http://br.monografias.com/trabalhos915/ramos-sociologia-camisa/ramos-sociologia-camisa.shtml>.
- McGREGOR, Douglas. *O Lado Humano da Empresa*. São Paulo: Martins Fontes, 1980.

FONTES DE INSPIRAÇÃO, NOTAS E REFERÊNCIAS BIBLIOGRÁFICAS

- DRUCKER, Peter. "Managing Oneself". *Harvard Business Review*, jan. 2005. Disponível em: <http://hbr.org/2005/01/managing-oneself/ar/1>.
- O conceito de uma grande empresa como uma confederação de pequenas empresas é de autoria do engenheiro e empresário Norberto Odebrecht, fundador da Construtora Odebrecht, cujos pensamentos pioneiros podem ser encontrados no livro *Sobreviver, Crescer e Perpetuar* (Salvador: Publicações Odebrecht, 1983). A empresa foi uma das primeiras no País a formular um "Sistema de Empresariamento" explícito e integrado ao negócio e à filosofia e cultura da empresa, conhecido como Tecnologia Empresarial Odebrecht (TEO). Desde a década de 1950 a Odebrecht tem praticado uma filosofia empresarial de vanguarda pouco reconhecida pela mídia especializada.
- Os comentários sobre Inovação são extraídos da apresentação feita pelo autor, durante o painel com CEOs, no Fórum Mundial de Inovação promovido pela HSM em 2011.
- As frases de Steve Jobs foram publicadas na entrevista "The Three Faces of Steve", feita por Brent Schlender para a revista *Fortune* de 9 nov. 1998.
- A frase "High tech, high touch" foi pronunciada pelo pensador e autor John Naisbitt durante o evento Top to Top Dialog, realizado em Búzios, Rio de Janeiro, promovido pelo autor em 1992. Depois, tal frase se transformou em título de um livro de Naisbitt (São Paulo: Cultrix, 2011, 4. ed.).

Capítulo 11: Paixão, o diferencial das culturas vencedoras

- Detalhes sobre a infância de Peter Drucker, particularmente o fato de ter sido apresentado a Sigmund Freud e a Schumpeter, estão baseados no relato do livro *A Cabeça de Peter Drucker* (Rio de Janeiro: Sextante, 2008), de Jeffrey A. Krames. Consulte o "Epílogo - Do Monstro ao Cordeiro: As Pessoas que Moldaram Peter Drucker", entre as páginas 200 e 202.
- Os conceitos de Schumpeter mencionados nesse capítulo estão descritos em *Capitalismo, Socialismo e Democracia (*Rio de Janeiro: Zahar, 1984). O livro foi publicado originalmente em 1942.
- A descrição detalhada sobre a obra *A Escola de Atenas*, pintada por Rafael Sanzio, pode ser encontrada no livro *Tudo Sobre Arte* (Rio de Janeiro: Sextante, 2010).

A NEOEMPRESA

- Para maiores informações sobre os cinco estágios do declínio proposto por James Collins, veja seu livro *Por que as Gigantes Caem* (Rio de Janeiro: Campus, 2011).
- Sobre a "Sabedoria do E" e a "Ditadura do OU", veja o livro *Feitas para Durar* (Rio de Janeiro: Campus, 1997), de James Collins e Jerry Porras.
- Para uma análise mais aprofundada sobre Atitudes, Posturas e Valores, veja dois livros de César Souza: *Você é o Líder da sua Vida?* (Rio de Janeiro: Sextante, 2007) e *Cartas a um Jovem Líder* (Rio de Janeiro: Campus/Elsevier, 2010).

Intervalo: Após a bonança, a tempestade!

- A história do sensor desenvolvido no Brasil por médicos paulistas foi relatada pelo jornalista Alexandre Gonçalves na matéria "Sensor mede pressão no crânio", publicada no jornal *O Estado de S. Paulo* (São Paulo, 29 ago. 2011). Disponível em: <http://www.estadao.com.br/noticias/vidae,sensor-mede-pressao-dentro-do-cranio,765522,0.htm>.

Capítulo 12: Solte suas amarras: liberte-se dos mitos sobre liderança

- Os comentários de Didi estão baseados em entrevista concedida pelo jogador publicada no livro *Recados da Bola*: Depoimentos de Doze Mestres do Futebol Brasileiro, de Jorge Vasconcellos, publicado pela Cosac Naify, 2010, p. 184.
- O relato dos 27 passos de Didi e dos gols da partida estão registrados no filme *Suécia 1958*, vol. 5 da Coleção *Copas do Mundo 1930-2006* (São Paulo: Placar/Editora Abril, 2010).
- Detalhes sobre o conceito de "Liderança Situacional" podem ser encontrados no livro de Paul Hersey e Kenneth Blanchard, *Psicologia para Administradores:* A Teoria e as Técnicas da Liderança Situacional (São Paulo: EPU, 1986).
- O conceito de "Líder 2.0", assim como os "Cinco Mitos sobre Liderança", são aprofundados em dois livros do autor: *Você é o Líder da sua Vida?* (Rio de Janeiro: Sextante, 2007) e *Cartas a um Jovem Líder* (Rio de Janeiro: Campus/Elsevier, 2010).

FONTES DE INSPIRAÇÃO, NOTAS E REFERÊNCIAS BIBLIOGRÁFICAS

Capítulo 13: As forças do NeoLíder

- Para maiores detalhes sobre os conceitos de "Líder 1.0" e "Líder 2.0", as sementes do conceito do NeoLíder, consulte dois livros do autor: *Você é o Líder da sua Vida?* (Rio de Janeiro: Sextante, 2007) e *Cartas a um Jovem Líder* (Rio de Janeiro: Campus/Elsevier, 2010).
- Para conhecer melhor a capital da Turquia, é indispensável a leitura de *Istambul:* Memories and the City, do Prêmio Nobel de 2006, o escritor turco Orhan Pamuk (Londres: Faber and Faber, 2005). Sua bela e comovente declaração de amor à cidade inspirou o autor a visitá-la e a transformá-la em um dos cenários deste livro. A obra já foi traduzida e publicada no Brasil pela Companhia das Letras, em 2007.

Ato final: A hora é agora!

- A formulação de "Ideias mortas que precisamos sepultar", como já referido na Introdução deste livro, inspirou-se no conceito de "ideias mortas" originalmente proposto pelo jornalista Matt Miller no livro *The Tyranny of Dead Ideas* (Nova York: Times Books, 2009).
- A ideia sobre "cérebros e corações de obra", e não de apenas "mãos de obra", foi expressa em uma palestra proferida em Gramado (RS), em 1999, pelo querido professor e palestrante Waldez Ludwig.
- Algumas reflexões apresentadas nesse capítulo derivam de palestras e conversas do autor com os palestrantes e autores Waldez Ludwig, Eugenio Mussak, César Romão, Carlos Alberto Júlio, Leila Navarro, Reinaldo Polito, Luiz Marins, Clovis Tavares, Max Gheringer, prof. Gretz, Daniel Godri, Dulce Magalhães, Içami Tiba e Marco Aurelio Ferreira Vianna, entre outros como José Maria Gasalla e Robert Wong.
- Para perceber como a Administração moderna se desenvolveu pela "busca interminável para regularizar o irregular", consulte o livro de Gary Hamel *O Futuro da Administração* (Rio de Janeiro: Campus/ Elsevier, 2007).
- Para maiores detalhes sobre os 12 trabalhos de Hércules, sugiro ler: BULFINCH, Thomas. *Mitologia*: Histórias de Deuses e Herói *(*Rio de Janeiro: Ediouro, 2006).
- O verbo "clientar" tem sido usado por inúmeros executivos e consultores. A primeira vez que o ouvi foi na Xerox, pronunciado por dois de seus dirigentes, Carlos Salles e Luiz Moreira.

A NEOEMPRESA

- A ideia da "Tirania do OU", como já mencionado no Capítulo 11, foi extraída do livro *Feitas para Durar* (Rio de Janeiro: Campus, 1997), de James Collins e Jerry Porras.
- A respeito do filósofo Thomas Kuhn e suas ideias sobre como as mudanças de paradigma atuam no processo de desenvolvimento da Ciência deve ser lido o imperdível livro *A Estrutura das Revoluções Científicas* (São Paulo: Perspectiva, 2003), especialmente as páginas 25 e 26, nas quais se encontram os trechos citados nesse capítulo.

Bibliografia geral

ALTMAN, F. "As Ideias de Jobs para Mudar o seu Mundo". *Revista Veja*, São Paulo, 12 out. 2011.

ALTMAN, F. "Quero Deixar uma Marca no Mundo". *Revista Veja*, São Paulo, 12 out. 2011.

ANSOFF, H. I. *Corporate Strategy*. Nova York: McGraw-Hill, 1965.

ANSOFF, H. I.; DECLERK, R. P.; HAYES, R. L. *From Strategic Planning to Strategic Management*. Nova York: John Wiley & Sons, 1976.

ARGYRIS, C.; SCHÖN, D. *Organizational learning*. Nova York: Addison-Wesley, 1974.

BARNARD, C. *Organization and Management*. Massachusetts: Harvard University Press, 1948.

BAUER, R. *Gestão da mudança*: Caos e Complexidade nas Organizações. São Paulo: Atlas, 1999.

BENNIS, W.; TOWSEN, R. *Reinventing Leadership:* Strategies to Empower the Organization. Nova York: Harper Collins, 2005.

BLANEY, G. *Uma Breve História do Mundo*. 2. ed. São Paulo: Fundamento, 2010.

BRANCO, B. J. S. *Grandes Nomes da Gestão*. Coimbra: Instituto Politécnico de Coimbra, 2006, 19 p.

BUSINESS WITH TURKEY. Disponível em: <http://www.business-with-turkey.com/guia-turismo/aprendendo_turco.shtml> Acesso em: 25 ago. 2011.

CAJAZEIRA, J. *Responsabilidade social nas empresas de classe mundial no Brasil:* desempenho sustentável ou só discurso? São Paulo: Escola de Administração de Empresas de São Paulo da Fundação Getúlio Vargas, 2005 (Tese de mestrado).

CHAMIE, J. *World Population in 21st century or Life, Death and Other Important Matters*. São Paulo: Fundação Nacional de Qualidade, 30 set. 2010.

CHRISTINA. "A Culinária Turca e Outras Dicas de Viagem a Istambul". Postado em 3 de abril de 2011. Disponível em: <http://fuievolteipracontar.blogspot.com/2011/04/culinaria-turca-e-outras-dicas-de.html>. Acesso em: 12 ago. 2011.

DA MATTA, R. "De ponta cabeça". *O Estado de S. Paulo*, São Paulo, 17 ago. 2011.

DE GEUS, A. *A Empresa Viva*. Rio de Janeiro: Campus/Elsevier, 1998.

Distance Calculator Turkey. Disponível em: <http://distancecalculator.globefeed.com/Turkey_Distance_Calculator.asp> Acesso em: 23 ago. 2011.

DRUCKER, P.; MACIARIELLO, J. *O Gerente Eficaz em Ação*. Rio de Janeiro: LTC, 2007.

DRUCKER, P. "The Coming of the New Organization". *Harvard Business Review*. Jan.-Fev. 1988.

DRUCKER, P. *A Organização do Futuro:* Como Preparar Hoje as Empresas de Amanhã. Rio de Janeiro: Futura, 1997.

DRUCKER, P. *O Gerente Eficaz*. 3. ed. Rio de Janeiro: Zahar, 1972.

DRUCKER, P. *Concept of the Corporation*. Nova York: The John Day Company, 1946.

ETZIONI, A. *Organizações Modernas*. 7. ed. São Paulo: Pioneira, 1984.

FAYOL, H. *Administração Industrial e Geral*. 9. ed. São Paulo: Atlas, 1981.

FETTKE, P.; LOOS, P. Perspectives on Reference Modeling. In: FETTKE, P.; LOOS, P. (ed.). *Reference Modeling for Business Systems Analysis*. Hershey: Idea Group Publishing, 2007.

FETTKE, P.; LOOS, P.; ZWICKER, J. Business Reference Model: Survey and Classification. *III International Conference on BPM*, França, 2005.

FUNDAÇÃO NACIONAL DA QUALIDADE (FNQ). *Cadernos de Excelência:* Introdução ao Modelo de Excelência da Gestão. São Paulo, 2007.

GHARAJEDAGHI, J. *Systems Thinking*: Managing Caos and Complexity, a Plataform for Designing Business Architecture. Boston: Butterworth-Heinemann, 1999.

GRAHAN, P. (org.). *Mary Parker Follett:* Profeta do Gerenciamento. Rio de Janeiro: QualityMark, 1997.

HAMEL, G.; PRAHALAD, C. K. *Competindo pelo Futuro*. Rio de Janeiro: Campus, 1996.

HANDY, C. *A era da Irracionalidade*. São Paulo: Cetop, 1991.

HERZBERG, F.; MAUSNER, B.; SNYDERMAN, B. B. *The Motivation to Work*. Nova York: Wiley, 1959

BIBLIOGRAFIA GERAL

INSTITUTO BRASILEIRO DE GOVERNANÇA CORPORATIVA. Disponível em: <http://www.ibgc.org.br>. Acesso em: 30 jun. 2009.

INSTITUTO ETHOS DE EMPRESAS E RESPONSABILIDADE SOCIAL. Disponível em: <http://www1.ethos.org.br>. Acesso em: 30 jun. 2009.

JURAN, J. M. *A Qualidade Desde o Projeto:* Novos Passos para o Planejamento da Qualidade em Produtos e Serviços. São Paulo: Pioneira, 1992.

KANTER, R. M. *Super Corp:* How Vanguard Companies Create Innovation, Profits, Growth and Social Good. Nova York: Crown Business, 2009.

KATZ, D.; KAHN, R. L. *Psicologia Social das Organizações*. 2. ed. Rio de Janeiro: Atlas, 1975.

KOCH, R.; GODDEN, I. *Managing Without Management:* A Post Management Manifesto for Business Simplicity. Londres: Nicholas Brealey Publishing, 1999.

KOTLER, P.; KELLER, K. *Marketing Management*. 14. ed. (*e-book*) Pearson Education: 2012.

KOUZES, J. M.; POSNER, B. Z. *O Desafio da Liderança*. 3. ed. Rio de Janeiro: Elsevier, 2003.

KUGEL, S. "Um Fim de Semana em Istambul por US$ 100". *O Estado de S. Paulo*, São Paulo, 18 ago. 2011.

KUHN, T. *A Estrutura das Revoluções Científicas*. 7. ed. São Paulo: Perspectiva, 2003.

LIKERT, Rensis. *New Patterns of Management*. Nova York: McGraw-Hill, 1961.

Lonely Planet Turkey. Disponível em: <http://www.lonelyplanet.com/turkey/transport/getting-there-away>. Acesso em: 24 ago. 2011.

LOPES, L. "Delícias Turcas". Postado em 1º jun. 2008. Disponível em: <http://cozinhaturca.blogspot.com/2008/06/delcias-turcas-turkish-delight-lokum.html>. Acesso em: 12 ago. 2011.

LOPES, L. "Sobre a Cozinha Turca". Postado em 4 set. de 2007. Disponível em: <http://cozinhaturca.blogspot.com/2007/09/sobre-cozinha-turca.html>. Acesso em: 12 ago. 2011.

MALATYA CITY GUIDE. Disponível em: <http://www.bookturkeytours.com/travel-guide/Malatya.html>. Acesso em: 15 ago. 2011.

MARIOTTI, H. *Pensamento Complexo*: Suas Aplicações à Liderança, à Aprendizagem e ao Desenvolvimento Sustentado. São Paulo: Atlas, 2007.

MARSIGLIA, I. "Os Lunáticos de Sobral". *O Estado de S. Paulo*, São Paulo, 24 jul. 2009.

MASLOW, F. *Motivation and Personality*. Nova York: Harper, 1954.

MATURANA, H. *Cognição, Ciência e Vida Cotidiana*. Belo Horizonte: Editora da UFMG, 2001.

MAYO, E. *The Social Problems of an Industrial Civilization*. Oxford: Routledge and Kegan Paul, 1949.

McGREGOR, D. *O Lado Humano da Empresa*. São Paulo: Martins Fontes, 1980.

MINTZBERG, H.; LAMPEL, J.; QUINN, J.; GHOSHAL, S. *O Processo da Estratégia*: Conceitos, Contextos e Casos Selecionados. 4. ed. Porto Alegre: Bookman, 2003.

MORGAN, G. *Imagens da Organização*: Edição Executiva. 2. ed. São Paulo: Atlas, 2007.

MORIN, E. *Introduction à la Pensée Complexe*. Paris: ESF Éditeur, 1990.

MUSSAK, E. *Gestão Humanista de Pessoas*. Rio de Janeiro: Campus/Elsevier, 2010.

PAGLIUSO, A. T.; CARDOSO, R. *Gestão Organizacional*: Passado, Presente e Futuro em Tecnologia Industrial Básica – Trajetória, Tendências e Desafios no Brasil. Brasília: MCT – Ministério da Ciência e Tecnologia, 2005.

PIÑUEL, I. *Neomanagement*: Jefes Toxicos Y Sus Victimas. Barcelona: Debolsillo, 2006.

PORTER, M. *Estratégia Competitiva*. Rio de Janeiro: Campus, 2005.

PRAHALAD, C. K.; RAMASWANY, V. *O Futuro da Competição*. Rio de Janeiro: Campus, 2004.

RH.COM.BR. Frases inspiradoras. Disponível em: <http://www.rh.com.br/Portal/frases.php>. Acesso em: 10 ago. 2011.

SCHEIN, E. *Organizational Culture and Leadership*. 3. ed. San Francisco: Jossey-Bass, 2004.

SCHUMPETER, J. A. *Capitalismo, Socialismo e Democracia*. Rio de Janeiro: Zahar, 1984.

SENGE, P. *The Fifth Discipline:* The Art & Practice of the Learning Organization. Nova York: Doubleday, 1990.

SENGE, P.; OTTO SCHARMER, C.; JAWORSKI, J.; FLOWERS, B. S. *Presença*: Propósito Humano e o Campo do Futuro. São Paulo: Cultrix, 2007.

SENGE, P.; SMITH, B.; KRUSCHWITZ, N. "The Next Industrial Imperative". *Strategy + Business*, Issue 51, Summer 2008.

SOUZA, C. *Cartas a um Jovem Líder*. Rio de Janeiro: Elsevier, 2010

SOUZA, C. *Superdicas para Conquistar e Fidelizar Clientes*. São Paulo: Saraiva, 2009.

SOUZA, C. *Você é do Tamanho dos seus Sonhos*. Rio de Janeiro: Agir, 2009.

SOUZA, C. *O Caminho das Estrelas*. Rio de Janeiro: Sextante, 2008.

SOUZA, C. *Você é o Líder da sua Vida?*. Rio de Janeiro: Sextante, 2007.

SOUZA, C. *O Momento da Virada*. São Paulo: Gente, 2004.

SOUZA, C. *Você é do Tamanho dos seus Sonhos*. São Paulo: Gente, 2003.
SOUZA, C. *Talentos & Clientividade*. Rio de Janeiro: QualityMark, 2000.
SROUR, R. H. *Poder, Cultura e Ética nas Organizações*. Rio de Janeiro: Campus, 1998.
TAYLOR, F. *Princípios da Administração Científica*. São Paulo: Atlas, 1995.
TONN, J. C. *Mary Parker Follett – Creating Democracy, Transforming Management*. New Haven: Yale University Press, 2003.
VAN DER AALST, W. M. P.; DREILING, A.; GOTTSCHALK, F.; ROSEMANN, M.; JANSEN-VULLER, M. H. Configurable Process Models as a Basis for Reference Modeling. *Proceedings of the 3rd. International Conference on Business Process Management (BPM)*, Nancy (França), p. 1-15, 6-8 Sept. 2005.
VASCONCELLOS, JORGE. *Recados da Bola*: Depoimentos de Doze Mestres do Futebol Brasileiro. São Paulo: Cosac Naify, 2010.
VIANNA, L. W. "Quando o Passado Deixa de Iluminar o Futuro". *O Estado de S. Paulo*, São Paulo, 27 ago 2011.
VOLLMANN, T. E. *The Transformation Imperative*: Achieving Marketing Dominance Through Radical Change. Boston: Harvard Business School Press, 1996.
VON BROCKE. "Design Principies for Reference Modeling". In: FETTKE, P.; LOOS, P. (ed.). *Reference Modeling for Business Systems Analysis*. Hershey: Idea Group Publishing, 2007.
WEBER, M. *A Ética Protestante e o Espírito do Capitalismo*. 4. ed. São Paulo: Pioneira, 1985.
WEICK, K. E.; SUTCLIFFE, K. M. *Managing the Unexpected*: Assuring High Performance in an Age of Complexity. San Francisco: Jossey-Bass, 2003.
WELLS, C. *De Bizâncio para o Mundo*. Rio de Janeiro: Bertrand Brasil, 2006.
WOOD JR., T.; URDAN, F. T. "Gerenciamento da Qualidade Total: Uma Revisão Crítica". In: WOOD JR., T. (coord.). *Mudança Organizacional*. 4. ed. São Paulo: Atlas, 2004.
YANO, C. "Uma Bactéria Sui Generis". *Revista Ciência Hoje*, Rio de Janeiro, 3 out. 2005.

CONHEÇA AS NOSSAS MÍDIAS

www.twitter.com/integrare_edit
www.integrareeditora.com.br/blog
www.facebook.com/integrare

www.integrareeditora.com.br